AF590299

CONSIDERATIONS PHILOSOPHIQUES.

CONSIDERATIONS PHILOSOPHIQUES DE LA GRADATION NATURELLE DES FORMES DE L'ETRE, OU LES ESSAIS DE LA NATURE QUI APPREND A FAIRE L'HOMME.

PAR J. B. ROBINET.

Τῆς φύσεως γραμματεὺς ἦν τὸν κάλαμον ἀποβρέχων εἰς νοῦν. SUID. de ARIST.

A PARIS,

Chez CHARLES SAILLANT.

MDCCLXVIII.

CONSIDERATIONS PHILOSOPHIQUES SUR LA GRADATION NATURELLE DES FORMES DE L'ETRE, OU LES ESSAIS DE LA NATURE QUI APPREND A FAIRE L'HOMME.

PREMIERE PARTIE.

CHAPITRE I.

Tous les Êtres ont été conçus & formés d'après un dessein unique dont ils sont des variations graduées à l'infini. De ce prototype, & de ses métamorphoses considérées comme autant de progrès vers la forme la plus excellente de l'Etre, qui est la forme humaine.

PUISQUE la marche de la Nature se fait par des degrés souvent imperceptibles, & par des nuances toûjours les moindres possibles, toutes ses productions se tiennent les unes aux autres d'aussi près qu'il se peut, quoique la somme des différences accumulées le long de l'échelle universelle des Etres, puisse répandre du doute & de l'incertitude sur la liaison des plus élevés avec les plus bas. Chacun a son existence à part, & aucun n'est isolé ou indépendant. Chacun a des rapports plus ou moins proches avec tous les autres, & les extrêmes se communiquent encore. Ils procedent les uns des autres d'une manière si intime & si nécessaire que chacun a la raison suffisante de son existence dans celui qui le précède, comme il est lui-même la raison suffisante de l'existence de celui qui le suit.

Qu'on me permette de rappeller ici cet enchaînement de tous les Etres, suffisamment établi & développé ailleurs, qui fait de la Nature entière un tout, continu d'existences variées, où l'imperfection de nos connoissances nous fait appercevoir des interruptions & des lacunes, quoiqu'il n'y en ait point, & qu'il ne puisse pas y en avoir.

La Nature n'est qu'un seul acte. Cet acte comprend les phénomènes passés, présens & futurs; sa permanence fait la durée des choses.

Quand je contemple la multitude innombrable d'individus épars sur la surface de la terre, dans ses entrailles & dans son athmosphere, quand je compare la pierre à la plante, la plante à l'insecte, l'insecte au reptile, le reptile au quadrupede, j'apperçois au travers des différences qui caractérisent chacun d'eux, des rapports d'analogie qui me persuadent qu'ils ont tous été concus & formés d'après un dessein unique dont ils sont des variations graduées à l'infini. Ils m'offrent tous des traits frappans de ce modele, de cet exemplaire original, de ce prototype, qui, en se réalisant, a revêtu successivement les formes infiniment multipliées & différenciées, sous lesquelles l'Etre se manifeste à nos yeux.

Ces traits n'ont point échappé aux génies observateurs; & si j'entreprends aujourd'hui de mettre dans un plus grand jour une pensée que d'autres ont eue avant moi, content de donner quelques nouveaux degrés de certitude, selon ma foible capacité, à ce qui a été proposé plutôt comme une conjecture ou un doute, que comme une vérité, je me fais un devoir de rapporter la gloire de la découverte à ceux à qui elle appartient.

A la tête de cette grande échelle des habitans de la terre, paroît l'homme le plus parfait de tous: il réunit, non pas toutes les qualités des autres, mais tout ce qu'elles ont de compatible en une même essence, élevé à un plus haut degré de perfection. C'est le chef-d'œuvre de la Nature, que la progression graduelle des Etres devoit avoir pour dernier terme; au moins nous le prenons ici pour le dernier, parce que c'est à lui que se termine notre échelle naturelle des Etres.

Dans la suite prodigieusement variée des animaux inférieurs à l'homme, je vois la Nature en travail avancer en tâtonnant vers cet Etre excellent qui couronne son œuvre. Quelque imperceptible que soit le progrès qu'elle fait à chaque pas, c'est-à-dire à chaque production nouvelle, à chaque variation réalisée du dessein primitif; il devient très-sensible après un certain nombre de métamorphoses. Si, par exemple, la nuance entre deux quadrupedes voisins, tels que le cheval & le zebre, est trop délicate pour que nous puissions juger lequel des deux, dans l'échelle, approche plus de l'homme que l'autre; cependant le Zoologiste qui passe des bipedes aux bimanes, puis aux quadrupedes, solipedes, pieds-fourchus, fissipedes, & de ceux-ci aux quadrumanes, s'apperçoit qu'il monte par degrés vers le sommet de l'échelle où il trouve le seul animal qui soit à la fois bimane & bipede. Venant ensuite à lui comparer ces différens animaux, il reconnoît sans peine qu'un quadrumane, tel que le magot ou l'Orang-outang, ressemble beaucoup plus à l'homme, qu'un quadrupede quelconque fissipede; & un solipede beaucoup moins qu'un fissipede, sur-tout de ceux qui se servent de leurs pieds de devant comme de mains. Pour peu que notre Zoologiste veuille bien se rendre attentif à tous les traits de la comparaison, il découvrira encore que l'orang-outang ressemble plus à l'homme, qu'à aucun autre animal.

Autant il y a de variations intermédiaires du prototype à l'homme, autant je compte d'essais de la Nature qui, visant au plus parfait, ne pouvoit cependant y parvenir que par cette suite innombrable d'ébauches. Car la perfection naturelle consiste dans l'unité combinée avec la plus grande variété possible: c'est donc l'extrême de la variation de la forme originale, qui peut donner la forme la plus parfaite; &, cet extrême terminant la série des variations intermédiaires, il falloit épuiser celle-ci pour avoir ce dernier terme.

La Nature ne pouvoit réaliser la forme humaine qu'en combinant de toutes les manières imaginables chacun des traits qui devoient y entrer. Si elle eût sauté une seule combinaison, ils n'auroient point eu ce juste degré de convenance qu'ils ont acquis en passant par toutes les nuances.

Sous ce point de vue, je me figure chaque variation de l'enveloppe du prototype, comme une étude de la forme humaine que la Nature méditoit; & je crois pouvoir appeller la collection de ces études, l'apprentissage de la Nature, ou les essais de la Nature qui apprend à faire l'homme (*).

Ce que je dis de l'homme par rapport à tous les autres Etres, est peut-être également appliquable à un terme quelconque de l'échelle relativement à ceux qui le précédent. Mais l'homme étant ce que nous connoissons de plus excellent sur notre planete, nous n'aurions point une idée de toute la richesse de la Nature, si nous nous bornions à la contempler dans un Etre inférieur.

Lorsqu'on étudie la machine humaine, cette multitude immense de systêmes combinés en un seul, cette

(*) Pline a appellé le lizeron, petite fleur fort ressemblante au lys, l'apprentissage de la Nature qui apprend à faire un lys, *Convolvulus tyrocinium Naturæ lilium formare discentis.*

énorme quantité de piéces, de resforts, de puissances, de rapports, de mouvemens, dont le nombre accable l'esprit, quoiqu'il n'en connoisse que la moindre partie, on ne s'étonne pas qu'il ait fallu une si longue succession d'arrangemens & de déplacemens, de compositions & de dissolutions, d'additions & de suppressions, d'altérations, d'oblitérations, de transformations de tous les genres, pour amener une organisation aussi savante & aussi merveilleuse.

Mais quel œil assez pénétrant pourra reconnoître une ébauche de l'homme, je ne dis pas dans la première réalisation du prototype, à laquelle nos sens ne sauroient atteindre & que nous ne pouvons imaginer, mais dans le moindre des animaux sensibles, déja si éloigné du prototype, & par cela même d'autant plus proche de l'homme? Qui sera capable de suivre cette ébauche dans tous ses accroissemens? Qui pourra faire violence à la Nature, lui arracher son secret, nous la montrer perfectionnant sans cesse son ouvrage, ajoutant des facultés à des facultés, des organes à des organes; variant ces organes sous toutes les formes dont ils sont susceptibles, tantôt les prolongeant & tantôt les resserrant, les enveloppant dans un individu pour les développer dans un autre, les supprimant quelquefois pour les reproduire ensuite avec un nouvel appareil; en un mot faisant tout l'homme en détail & par piéces, travaillant & multipliant chaque piéce comme à l'infini sans se copier jamais, pour en composer une infinité d'Etres différens; imprimant à chaque Etre sa fécondité inépuisable pour en former ce que nos méthodistes appellent des especes, monumens durables de la gradation de sa marche; & enfin par ces procédés générateurs obtenant le chef-d'œuvre qu'elle avoit projetté?

L'homme (j'entends l'homme pris dans un sens général & abstrait pour le modele de l'espece) est le prototype, plus le résultat de toutes les combinaisons que le prototype a subies en passant par tous les termes de la progression universelle de l'Etre. Si quelque génie aſſez au fait de la marche de la Nature pour reconnoître ce que le prototype a acquis à chaque pas, pouvoit en dépouiller l'homme dans la même progreſſion deſcendante & avec la même inverſion des phénomènes, il le feroit rétrograder vers le bas de l'échelle où il ſe réduiroit à la ſimple enveloppe primitive du prototype. Mais dès le premier pas de ſa dégradation, il auroit ceſſé d'être homme : car l'Etre, le plus voiſin de l'homme, eſt preſque un homme; mais il n'en eſt pas un.

Puiſque l'homme eſt le prototype, plus le réſultat de toutes les combinaiſons que le prototype a ſubies en paſſant par tous les degrés de la progreſſion univerſelle de l'Etre; pourquoi le prototype ne ſeroit-il pas l'homme, moins ce même réſultat? c'eſt que ce réſultat eſt préciſément la différence qui conſtitue l'homme. Dire que le prototype eſt l'homme, moins ce réſultat, c'eſt dire que le prototype eſt l'homme, moins ce qui fait l'homme. Et que ſignifie un tel langage, ſi non que le prototype n'eſt pas l'homme?

Le prototype eſt un modele qui repréſente l'Etre réduit à ſes moindres termes: c'eſt un fond inépuiſable de variations. Chaque variation réaliſée, donne un Etre, & peut être appellée une métamorphoſe du prototype, ou plutôt de ſa première enveloppe qui en a été la première réaliſation. Le prototype eſt un principe intellectuel qui ne s'altere qu'en ſe réaliſant dans la matière.

Une caverne, une grotte, une hutte de ſauvage, une cabane de berger, une maiſon, un palais, peuvent être conſidérés comme des variations graduées d'un même plan d'architecture qui commença à s'exécuter par les moindres élémens poſſibles. Une hutte de ſauvage, une cabane de berger, une maiſon, ne ſont point un Eſcurial, un Louvre; mais elles en peuvent être regardés comme des types plus ou moins éloignés, en ce que celles-là comme ceux-ci ſe rapportent à un même deſſein primitif, & qu'ils ſont tous le produit d'une même idée plus ou moins développée,

On trouve dans la plus chétive cabane, les mêmes piéces essentielles, que dans le plus magnifique palais: toute la différence entre la cabane & le palais, consiste dans le nombre des piéces, leur travail, leur proportion, leur site, leurs ornemens, toutes choses qui se tirent du plan original, pour-ainsi-dire, par voie d'évolution. Non-seulement tous les bâtimens des hommes, quoique si variés chez une même nation, & encore plus dissemblables chez des nations différentes, se rapportent à un même plan; mais ce plan renferme encore toutes les habitations grossières que les animaux savent se construire selon leurs besoins & la portée de leur instinct.

Une pierre, un chêne, un cheval, un singe, un homme, sont des variations graduées du prototype qui a commencé à se réaliser par les moindres élémens possibles. Une pierre, un chêne, un cheval, ne sont point des hommes; mais ils en peuvent être regardés comme des types plus ou moins grossiers en ce qu'ils se rapportent à un même dessein primitif, & qu'ils sont tous le produit d'une même idée plus ou moins développée. On trouve dans la pierre & dans la plante, les mêmes principes essentiels à la vie, que dans la machine humaine: toute la différence consiste dans la combinaison de ces principes, le nombre, la proportion, l'ordre, & la forme des organes.

Envisageant la suite des individus, quelque nom qu'on leur donne, comme autant de progrès de l'être vers l'humanité, nous allons les comparer d'abord à la forme humaine tant extérieure qu'intérieure, ou à l'homme physique, puis aux facultés d'un ordre supérieur, c'est-à-dire à l'homme doué de raison.

Cette nouvelle manière de contempler la Nature & ses productions, qui les rappelle toutes à une seule idée génératrice du monde, est fondée sur le principe de continuité qui lie toutes les parties de ce grand tout. Chaque méchanisme, pris en particulier, ne tend proprement & immédiatement qu'à produire celui qu'il engendre en effet; mais la somme de ces méchanismes tend au dernier résultat, & nous prenons ici l'homme pour le dernier résultat, afin de nous borner aux Etres terrestres, les seuls à notre portée.

CHAPITRE II.

Où l'on recherche si c'est la Matière ou la force qui constitue le fond de l'Etre.

TOUTE la matière est organique, vivante, animale. Une matière inorganique, morte, inanimée, est une chimère, une impossibilité.

Se nourrir, se développer, se reproduire, sont les effets généraux de l'activité vitale ou animale, inhérente à la matière.

Nous croyons avoir quelque droit d'admettre ces propositions pour des données.

Réaliser ces trois choses, *nutrition*, *accroissement*, *reproduction*, avec le plus & le moins d'appareil possible, c'est pour ainsi dire le problême universel que la Nature avoit à résoudre. L'homme en est la solution la plus élégante, la plus sublime, la plus compliquée, celle où l'érudition éclatte avec le plus de pompe & de faste. . . .

Quand on médite profondément sur les opérations secretes de la Nature, il s'éleve un doute important qui embarrasse l'esprit, savoir, si, dans les Etres, le sujet est la matière ou l'activité.

A certains égards la puissance active, paroît résider dans la matière, & en être une qualité essentielle, tandis que d'un autre côté l'activité semble être la substance, & la matière seulement un instrument dont cette substance se sert pour déployer son énergie.

Dans les Etres inférieurs, tels que les minéraux & les végétaux, on rapporte tous les Phénomènes à la matière comme au fond principal de ces Etres; on ne ſoupçonne pas même qu'il puiſſe y avoir en eux autre choſe que le ſujet matériel.

Un peu plus haut, on commence à douter : on eſt indécis. On remarque une ſpontanéité de mouvemens & d'opérations qui décèlent un principe actif, auquel on ne peut s'empêcher de les attribuer. Cependant on voit encore cette activité entraînée & déterminée invinciblement par la matière : deſorte que dans de tels ſyſtêmes, la matière & l'activité paroiſſent dominer tour-à-tour, être ſucceſſivement le principal & l'acceſſoire, ſelon les circonſtances. On diroit que la puiſſance active fait des efforts pour s'élever au deſſus de la maſſe étendue, ſolide, impénétrable, à laquelle elle eſt enchaînée, mais qu'elle eſt ſouvent obligée d'en ſubir le joug.

Dans l'homme au contraire, il eſt évident que la matière n'eſt que l'organe par lequel le principe actif deploie ſes facultés. C'eſt une enveloppe qui modifie ſon action, ſans laquelle peut-être il agiroit plus librement, ſans laquelle auſſi peut-être il ne ſauroit agir, & ſans laquelle ſurement il ne rendroit pas ſes opérations ſenſibles.

Ne ſemble-t-il pas encore que plus la puiſſance active croît & ſe perfectionne dans l'Etre, plus elle s'éleve au deſſus de la matière? Ne pourroit-elle point parvenir naturellement à un tel degré de perfection, qu'elle n'eût plus abſolument aucun beſoin de l'organe matériel pour opérer, deſorte qu'alors elle le rejetteroit comme un inſtrument inutile, pour paſſer dans le monde des intelligences pures?

Telle ſeroit, ſuivant cette hypotheſe, la progreſſion de la force active inhérente à la matière. Elle ne feroit d'abord que la moindre portion de l'Etre. Par des efforts multipliés & des développemens progreſſifs, elle parviendroit à en faire la principale partie. Enfin elle ſe dématérialiſeroit entiérement, ſi j'oſe ainſi m'exprimer, & pour dernière métamorphoſe elle ſe transformeroit en une pure intelligence.

Quoi qu'on puiſſe penſer de cette conjecture hardie

que je donne pour ce qu'elle peut être, je serois assez porté à croire que cette force dont je parle est l'attribut le plus essentiel, le plus universel, disons mieux, le fond de l'Etre, & que le matériel est l'organe ou le moyen par lequel cette force manifeste ses opérations.

Si l'on me demande quelle notion j'ai d'une telle force, je répondrai avec plusieurs Philosophes, que je me la représente comme une tendance à un changement en mieux, qui s'exerce sans cesse nécessairement, parce que chaque changement est la disposition la plus prochaine à un autre meilleur: chaque nouvel état est la raison suffisante d'un état plus parfait, & conséquemment il doit l'opérer.

Accoûtumés à juger de la réalité des choses par les apparences qui frappent nos sens, nous ne voulons admettre dans le monde que de la matière, parce que nous ne voyons que de la matière. Et, pour emprunter les paroles d'un Auteur moderne, comme toutes les modifications, que nos sens observent dans la Nature, consistent dans la simple variation des limites de l'étendue, dès qu'il faut abjurer cette étendue, on croit rentrer dans le néant, on s'arrête, comme s'il ne pouvoit y avoir rien au-delà.

Nous ne faisons pas attention que le monde matériel ou visible est un assemblage de phénomènes, & rien autre chose; qu'il doit nécessairement y avoir un monde invisible qui soit le fondement, le sujet du monde visible, & auquel on doive ramener tout ce qu'il y a de réel & de substantiel dans la Nature.

Ce monde invisible est la collection de toutes les forces qui tendent continuellement à améliorer leur existence, qui l'améliorent en effet, en étendant & perfectionnant sans cesse leur action, selon la proportion convenable à chacune d'elles.

Il y a une gradation de forces dans le monde invisible, comme une progression de formes dans le monde étendu ou visible. Les forces actives s'engendrent à leur manière, comme les formes matérielles. Si même l'on conçoit bien ce que je viens de dire, on sentira que les formes matérielles ne procedent les unes des autres, que parce qu'un certain degré de force en anime un autre, celui-ci un autre, & ainsi de suite.

On conclut de ces notions que le prototype représente la force prototype, jointe à la forme prototype, c'est-à-dire la force & la forme réduites à leur état élémentaire, & que le progrès nécessaire de ces élémens remplit l'échelle universelle des Etres.

Il y a quelques particularités à observer dans cette progression.

A chaque terme la matière se dégrossit, & devient moins massive, moins matérielle en quelque sorte, au lieu que la force devient de plus en plus active en tous sens. Le moindre degré de force n'a besoin que de l'organe le plus obtus, le plus informe, pour se déployer. Un degré supérieur de force exige un instrument d'un ordre proportionné à son énergie, pour l'exércer convenablement & totalement.

La moindre force se trouvant ainsi alliée à la massiveté la plus matérielle, & la forme la plus déliée à la plus grande activité, on voit la raison pourquoi, dans la partie inférieure de l'échelle, les Etres semblent tenir plus de la matière que de la force, tandis que c'est le contraire dans la partie supérieure.

Dans les fossiles, par exemple, la force agit d'une manière sourde & enveloppée que des yeux vulgaires ne saisissent point, & que par conséquent ils regardent comme nulle. Ainsi les fossiles sont réputés de la matière inanimée, insensible & morte, parce que les sens grossiers n'y voient que de la matière sans action.

Un peu audessus, la force commence à se faire appercevoir; comme néanmoins son action est bornée à faire croître la matière qu'elle anime, à en augmenter le volume, à en développer la forme, elle se confond aisément avec le matériel. On la nomme force végétative, & on la regarde comme la moindre partie d'un tel systême où la matière semble dominer.

Avancez de quelques degrés, vous trouverez l'empire partagé dans les animaux.

Au sommet de l'échelle on trouve un Etre qui ne paroît plus avoir avec la matière que les rapports généraux & communs de l'étendue, de la solidité, de l'impénétrabilité, &c. tant la perfection du principe actif qui fait proprement son existence, l'éleve au dessus de la portion de matière qui lui sert d'organe.

La progression n'est pas finie. Il peut y avoir des formes plus subtiles, des puissances plus actives, que celles qui composent l'homme. La force pourroit bien encore se défaire insensiblement de toute matérialité pour commencer un nouveau monde . . . mais nous ne devons pas nous égarer dans les vastes régions du possible.

Que ce soit la force ou la matière qui constitue le fond de l'Etre, il est toujours sûr que tout Etre a une forme & de l'activité. L'ensemble de la Nature offre donc à notre contemplation deux grands objets: la progression des forces & le développement des formes. Nous contemplerons aujourd'hui les formes.

CHAPITRE III.

De la première ébauche de la Forme Humaine dans les Fossiles.

L'ART, le singe de la Nature, nous aidera à concevoir comment les formes les plus simples & les plus grossières peuvent, en se perfectionnant, amener les formes les plus composées & les plus élégantes, des formes qui ne paroissoient avoir aucune analogie avec les premières, en un mot les formes les plus disparates en apparence.

Considérons les commencemens de l'Art. Dans les temps les plus reculés, la Gréce adora trente Idoles, ou Divinités visibles, qui n'avoient point de figure humaine. C'étoient des blocs irréguliers, des pierres quarrées, ou des colonnes. Telle fut longtemps Junon à Thespis, telle Diane à Icare, Jupiter à Corinthe, & la première Venus à Paphos: tels furent encore dans d'autres Villes, Bacchus, l'Amour & les Graces. A Sparte, Castor & Pollux avoient la figure de deux morceaux de bois attachés ensemble par deux autres piéces mises en travers, figure qui s'est conservée jusqu'à ce jour pour désigner les Gémeaux sur le Zodiaque de nos sphères.

On mit dans la suite des têtes grossièrement ébauchées sur les pierres & les colonnes dont je viens de parler. On voyoit en Arcadie un Neptune & un Jupiter de cette forme, l'un à Tricoloni, l'autre à Tegée.

Longtemps après on s'avisa de séparer en deux la partie inférieure de ces masses informes pour indiquer les jambes & les cuisses.

Tels furent les foibles commencemens de l'Art, chez les Egyptiens, les Etrusques & les Grecs qui le portèrent dans la suite à une perfection qu'on n'a point atteint depuis eux (*).

Prenons cette pierre à son origine, quelque systême que l'on admette pour la formation des substances pierreuses. Quelle analogie découvre-t-on entre les premiers rudimens d'un bloc de marbre qui commence à croître dans les entrailles de la terre, & les belles formes que saura lui donner la main d'un Phidias? Combien de changemens & d'accroissemens ne doit-il pas subir avant même que de devenir propre à recevoir les premiers coups du ciseau?

La première statue fut une colonne, ou une pierre encore plus informe, sans aucune apparence de traits humains, sans distinction ni de tête, ni de bras, ni de jambes (†).

(*) Voyez l'Histoire de l'Art chez les Anciens, par Mr. J. Winckelmann.

(†) Le mot Grec κίων, colonne, signifioit aussi une *statue*, même dans les meilleurs temps.

Entrez dans les cabinets des curieux antiquaires, ouvrez les Recueils des Gori, des Montfaucon, des Caylus, & voyez par combien de degrés l'Art s'éleva d'une forme si grossière à la perfection de l'Antinoüs, ou de la Venus de Medicis.

Voyez combien d'ébauches en argile, en bois, en ivoire, en pierre, en métal! Combien d'esquisses en grand & en petit, de toutes les dimensions depuis les plus énormes colosses jusqu'aux plus petites figures des pierres gravées, telles que celles du cachet de Michel-Ange! Combien d'essais en bustes, en statues, en bas-reliefs, en gravure creuse! Les monumens qui nous restent, & qui caractérisent les différens âges de l'Art, sont innombrables, & ce n'est rien en comparaison des ouvrages que le temps a consumés, ou que la malice & la stupidité humaines ont détruits.

Combien l'on tailla de têtes avant que de parvenir au bel ovale des têtes Grecques! Combien l'on fit, d'yeux applattis & obliquement tirés! Combien de nez écrasés ou d'une longueur démesurée, combien de bouches mal fendues & tirées en-haut! Combien de mentons ridiculement pointus, d'oreilles mal placées! Combien de mains contrefaites sans distinction de doigts, & de doigts sans articulations! Combien de pieds larges & plats, ou maigres & grêles, de jambes & de genoux mal tournés, de corps sans aucune indication des os & des muscles, ou au contraire avec une expression forcée des os & des muscles, des nerfs & des veines! Combien l'Art enfanta de figures étroites & resserrées, ou pesantes & massives, d'attitudes outrées, de proportions monstrueuses, de formes angulaires & quarrées, avant que de produire Niobé & ses filles, l'Apollon du Vatican, ou le Génie ailé de la Vigne Borghese, modeles éternels du vrai beau!

Ce fut par une infinité de degrés & de nuances que l'ancien style, ce style dur, roide & destitué de graces, changea le saillant des parties trop fortement marquées, en des contours arrondis, moëlleux & coulans, pour se transformer d'abord en un style grand

& sublime, allier ensuite le gracieux au sublime, & parvenir enfin à la plus grande vérité d'imitation dans Praxiteles, Lysippe & Apellès.

Les siécles s'écoulèrent, des générations nombreuses d'artistes se succédèrent, les essais se multiplièrent à l'infini, avant que l'on trouvât la juste proportion des parties, & cette multiplication des centres qui fait que les formes d'un beau corps sont composées de lignes mobiles qui changent continuellement de point central, parce qu'elles s'écoulent sans cesse l'une dans l'autre comme des ondes.

Cette marche lente & graduée de l'Art est une image imparfaite de celle de la Nature. Il y a bien moins loin de ce bloc de marbre arraché violemment du sein de la terre, à la plus belle statue qu'il n'y a de la première réalisation du prototype à l'homme. Elle en est pourtant le première ébauche.

La Nature commença à préparer, dans le moindre atôme, ce chef-d'œuvre de méchanique qui ne devoit être porté à sa perfection qu'après un nombre infini de combinaisons. Si elles ne faisoit pas encore des têtes, ni des bras, ni des mains, ni des pieds, ni des chairs, ni des os, ni des muscles, elle travailloit les matériaux; elle étoit occupée à d'autres formes moins composées qui, par une gradation imperceptible, devoient amener celles-là.

Les Etres produits au commencement avoient déja une vie particulière, convenable à leur simplicité: ils se nourrissoient, se développoient, se reproduisoient; & quoique ces importantes fonctions s'exécutassent avec le moindre appareil possible, elles supposent toûjours des organes proportionnés à leur espece, & ces organes, quels qu'ils fussent, étoient un acheminement vers leurs analogues, tels qu'ils devoient être dans le roi des animaux.

Quelle production naturelle n'est pas un systême de solides arrosés par un fluide! La vue la plus générale de l'univers nous offre de grands corps qui nagent dans un fluide d'autant plus subtil qu'ils sont eux-mêmes plus massifs. Si nous jugeons des autres globes par celui que nous habitons, chacun est un systême particulier de solides qu'un fluide particulier pénetre de toutes parts. Chaque substance fossile offre une économie semblable. Tous ces systêmes, grands & petits, si multipliés & si variés, seront regardés à juste titre comme les premières ébauches de la machine humaine, entant qu'elle est composée de solides & de fluides dont l'action réciproque entretient la vie.

Le tronc, cette partie du corps qui renferme les organes de la circulation & de la respiration, méritoit, par son importance, d'être projetté le premier. Mais, dira-t-on, que voyez-vous dans une pierre qui soit analogue au cœur & aux poumons de l'animal?

Je conviens que l'analogie est au delà de nos sens. Est-ce une raison pour refuser de l'admettre? Suivons la dégradation de ces parties, sans sortir des bornes où l'on a resserré le règne animal, & nous jugerons jusqu'où elle peut être portée.

Le cœur & les poumons des grands animaux ressemblent parfaitement au cœur & aux poumons de l'homme: au moins la différence est si peu-de-chose qu'on la néglige. Cependant cette différence se charge en descendant l'échelle; après un certain nombre de degrés, elle se rend très-sensible dans quelques especes qui s'éloignent d'autant plus de l'homme. Le cœur commence par perdre graduellement ce riche appareil d'organes & de vaisseaux qui l'accompagnent dans l'homme; puis il perd une oreillette; plus bas sa forme s'altere, ce n'est bientôt plus qu'une longue artère; immédiatement au dessous, dans plusieurs insectes, il n'y a plus ni cœur ni poumons, mais seulement des visceres d'une autre structure, qui en font les fonctions, en quoi ils leur sont analogues.

Nous sommes encore dans le règne animal, & déja ces organes reputés si essentiels, sont si étrangement altérés. Que dis-je? ils ne sont plus: la Nature leur a substitué des analogues d'une toute autre conformation. L'analogie s'affoiblira par degrés, & ces analogues ques seront supprimés à leur tour, ou du moins si bizarrement travestis, qu'ils seront plûtôt soupçonnés qu'apperçus.

La Nature a formé un animal singulier qui n'est qu'un boyau ramifié, dont le tissu est partout uniforme, qu'on retourne en faisant de l'intérieur de l'animal l'extérieur, sans que ce retournement nuise aux fonctions vitales.

Sous quelle forme existent, dans une machine si simple, les analogues du cœur & des poumons? Ils ne peuvent guere y exister que sous la forme d'utricules & de trachées, comme dans les plantes avec lesquelles le polype confine de très près. Cette conjecture est confirmée par les observations microscopiques: on a découvert sur le tissu dont le polype est formé, une infinité de petits grains qui sont vraisemblablement les viscères ou les principaux organes de la vie d'un tel animal.

Quand nous ne retrouverions ni utricules ni trachées dans les minéraux, tout ce qu'on en pourroit légitimement conclure, c'est qu'un appareil organique plus simple suffit à ce degré de l'Etre.

De quelle finesse, de quelle simplicité ne doivent pas être les organes d'une vie si simple dans des corps aussi purs que l'or & le diamant? Leur extrême ténuité les dérobe à nos sens, & nous ne saurions nous former une idée de leur structure. Parce que nos yeux & nos microscopes, beaucoup meilleurs que nos yeux, ne les apperçoivent point, nous en nions la réalité. C'est outrager la Nature, que de renfermer ainsi la réalité de l'Etre dans la sphere étroite de nos sens, ou de nos instrumens.

Persuadé que le fossiles vivent, sinon d'une vie extérieure, parce qu'ils manquent peut-être de membres, & de sens, ce que je n'oserois pourtant assurer, au moins d'une vie interne, enveloppée, mais très réelle en son espece, quoique beaucoup au dessous de celle de l'animal endormi, & de la plante; je n'ai garde de leur refuser les organes nécessaires aux fonctions de leur économie vitale; & quelque forme qu'ils aient, je la conçois comme un progrès vers la forme de leurs analogues dans les végétaux, dans les insectes, dans les grands animaux, & finalement dans l'homme.

Il y a dans l'homme un cœur, un foie, des poumons, un estomac, &c. Il y a dans les insectes un long vaisseau fort délié en forme d'artère, un sac intestinal & des trachées. Il n'y a dans les plerites que des utricules, des vases propres & des trachées. Des Etres placés au dessous de la plante doivent avoir un appareil d'organes encore plus simple; sa simplicité n'empêche pas qu'il ne soit le type d'un appareil plus composé.

Tout le monde n'est pas en état d'apprécier des généralités un peu vagues. On exige des raisonnemens plus sensibles, des preuves plus frappantes. La même classe des Etres nous les fournira. Ces preuves nous seroient suspectes de toute autre part. Nous n'avons point ici d'illusion ni de fraude à craindre.

Voyez comme la Nature a empreint, sur les fossiles, les différentes formes du corps humain! Il y a des pierres qui représentent le cœur de l'homme, d'autres imitent le cerveau, le crâne, la machoire, des os, un pied, une main, un rein, une oreille, un œil; d'autres encore représentent les parties sexuelles de l'homme & de la femme. La Nature pouvoit-elle nous annoncer d'une manière plus intelligible, où tendoient les premières métamorphoses de l'Etre?

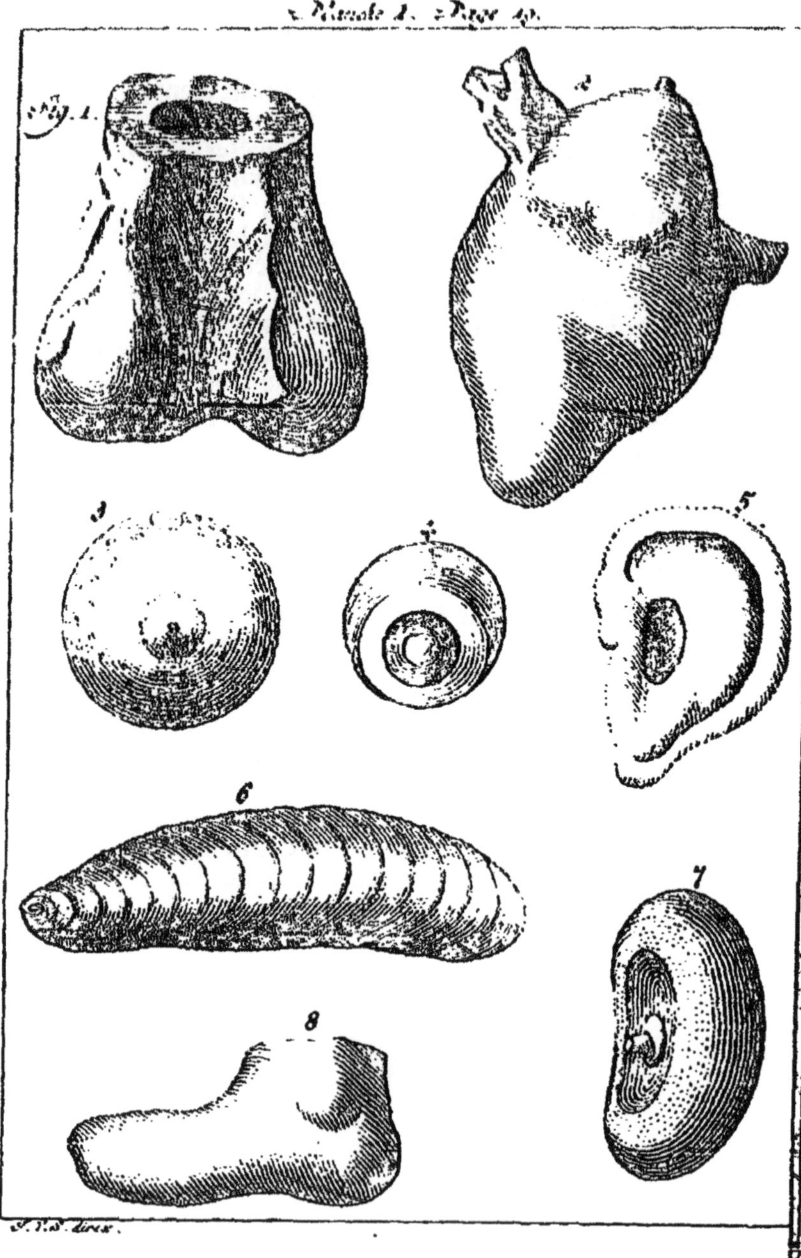
Fig. 1.
2
3
5
6
7
8

CHAPITRE IV.

Des Lithocardites & Bucardites. Des Antropocardites, ou especes de pierres qui ont la figure d'un Cœur humain.

1. *Lithocardites & Bucardites.*

PLUSIEURS Naturalistes parlent des Lithocardites & Bucardites. On en connoît un grand nombre d'especes. Peut-être n'est-il aucune contrée de la terre qui ne produise quantité de ces pierres qui représentent plus ou moins parfaitement la figure d'un cœur. Il n'est pas étonnant, que la Nature ait multiplié, avec tant de profusion, les exemplaires ébauchés d'une si noble partie animale, le siége du mouvement vital. En comparant les différentes sortes de Lithocardites que produit chaque pays, on remarque entre elles une gradation de ressemblance qui plaît à l'imagination.

2. *Anthropocardites.*

L'espece qui ressemble le plus au cœur humain, & qu'on nomme pour cela Anthropocardite, est celle dont je donne ici la figure (*Planche I. Fig.* 2.) d'après le Docteur Brookes (*). Elle mérite une attention particulière. Sa substance est un caillou bleuâtre en dedans. La forme d'un cœur est aussi bien imitée qu'elle puisse l'être. On y distingue le trône de la veine cave, avec portion de ses deux branches. On voit sortir aussi du ventricule gauche le tronc de la grande artère, avec sa partie inférieure ou descendante, bien indiquée. Cette pierre est rare. On diroit que la Na-

(*) Natural History, Vol. V.

ture, contente de cette esquisse, en arrêta le trait, & se mit peu en peine d'en multiplier les modeles.

CHAPITRE V.

Des pierres qui imitent le Cerveau humain.

Les Auteurs nomment ces pierres *Encephaloïdes* (*) ou *Encephalithes*. Elles imitent si bien le cerveau humain, qu'on les prendroit presque pour des cerveaux humains pétrifiés, si l'on pouvoit croire à de pareilles pétrifications. Elles sont graveleuses, argileuses, & d'une couleur tirant sur le blanc (†).

Le Docteur Plott (§) parle d'une Encephaloïde très singulière qu'il dit avoir vue. Elle ressembloit à la base d'un cerveau humain, ou au cervelet renfermé dans la dure-mère. On en voyoit sortir des portions de plusieurs paires de nerfs coupés, & de plus un prolongement de la même substance, d'où sortoient encore d'autres paires de nerfs.

CHAPITRE VI.

Des Carnioïdes ou pierres qui représentent le crâne humain. Des Hyppocephaloïdes.

On trouve en plusieurs pays des pierres qui représentent divers fragmens du crâne humain. On en a trouvé aussi dans la Suisse & dans l'Estrie, qui le représentent en entier, avec les os de la face.

(*) Musæum Calceolarium Settali.
(†) Oryctologie de Mr. Dargenville.
(§) The Natural History of Oxfordshire.

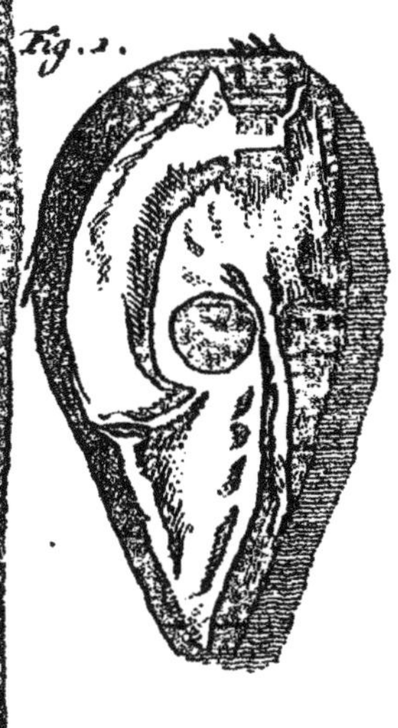
Fig. 1.

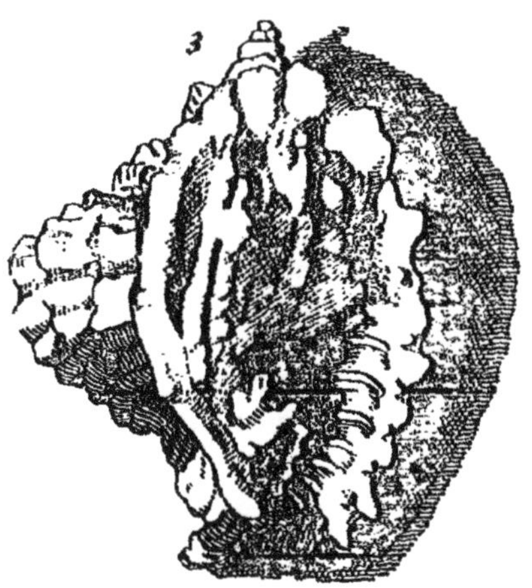
3

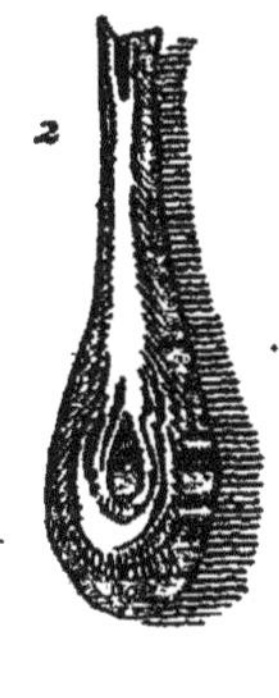
2

4

Les Actes ou Mémoires de l'Académie de Suéde font mention d'un pareil crâne pierreux dont la partie, qui représentoit la mâchoire supérieure, portoit quelques petits os qui imitoient assez bien des dents. Aussi le Dr. Leyel prétend-il, dans une Dissertation sur cette pierre, que c'est un crâne véritable pétrifié; mais ce qui auroit du le détromper, c'est qu'il a trouvé un osselet semblable dans une autre pierre qui avoit à peu près la forme de l'os de l'épaule d'un homme: car assurément l'omoplate n'est du tout point faite pour porter des dents.

Scheuchzer parle d'une espece de Carnioïdes dont on trouve quantité aux invirons de Basle: ce sont des pierres graveleuses & argilleuses, de couleur jaunâtre, qui ont une suture dans le milieu, & qui imitent le crâne humain avec assez de ressemblance (*).

Le crâne de la fameuse tête prétendue pétrifiée, trouvée sur les montagnes du village de Sacy, à deux lieues de Reims, n'est qu'une pierre de la même espece. Outre que l'épaisseur monstrueuse & inégale du crâne, & le rétrécissement extraordinaire des orbites, des narrines, & des autres ouvertures, trois fois plus étroites que dans les crânes véritables, prouvent évidemment que ce ne sauroit être une pétrification; le merveilleux d'une pareille production cesse entiérement lorsque l'on vient à considérer que dans les carrières de Heddington on a trouvé des Hyppocephaloïdes de différente grosseur, c'est-à-dire des pierres qui représentent la tête d'un cheval, avec les oreilles, le toupet entre deux, un peu de nez, la place des yeux, & le reste de la tête, excepté la partie inférieure (†). La grosseur de ces pierres est fort au dessous de celle d'une tête de cheval ordinaire, & on ne s'est jamais avisé de les prendre pour des têtes pétrifiées de cet animal. Ces Hyppocephaloïdes sont trop singulières pour

(*) Specimen Lithographiæ Helveticæ curiosæ.
(†) Musæum Wormianum.

n'en pas donner ici la figure d'après les Auteurs qui ont vu ces sortes de pierres singulières (*Voyez*, *Planche II. Fig.* 1.)

On rencontre souvent dans plusieurs montagnes d'Allemagne, diverses especes de Carnioïdes plus ou moins parfaites.

CHAPITRE VII.

Pierres qui représentent la Mâchoire humaine.

Ce sont d'abord les deux mâchoires de la tête fossile dont je viens de parler. Les mémoires de l'Académie de Suède & d'autres Livres font mention de pierres semblables représentant la mâchoire humaine, soit supérieure, soit inférieure, même avec les alvioles des dents.

CHAPITRE VIII.

Os humains fossiles.

Il n'est pas rare de voir des pierres qui ressemblent à différens os du squelette humain. Il n'est presque pas de cabinet de curiosités naturelles, un peu assorti, qui n'en possede quelques-uns. Ici ce sont des vertèbres, là des omoplates, ailleurs des os du bras ou de la cuisse. On en voit dont l'intérieur est rempli d'une espece de substance assez semblable à de la moëlle (*).

(*) Bayeri Oryctographia Norica; Musæum Zachinelli, &c.

CHAPITRE IX.

Pierres qui imitent la forme du Pied de l'homme.

1. *Première espèce.*

Le Dr. Plott a trouvé dans une carrière, au pied du mont Shotover, des pierres qui représentent le pied humain coupé un peu au dessus de la cheville. Les doigts n'y sont point marqués, mais la cheville y est très sensible. On en voit la figure *Planche I. n.* 3. Le pied est fort élevé, & encore plus long, ayant plus de deux pieds Anglois de longueur. C'est l'espece la plus longue : on en trouve au même endroit de beaucoup plus petite. Ces pierres sont de couleur cendrée (*).

2. *Seconde espece.*

Le *pes humanus Saxeus*, dont parle un autre Naturaliste, mérite encore à plus juste titre le nom d'*Andropodite*. C'est une pierre qui représente le pied gauche d'un jeune homme avec les articulations, les doigts & l'os antérieur de la jambe (†).

3. *Troisième espece.*

Une autre espece fait voir la figure d'un pied humain, au point d'y reconnoître, les rotules & les petits os. L'imitation est si exacte qu'elle a fait dire qu'on seroit tenté de prendre ce pied pour celui d'un homme changé en pierre par la vertu pétrifiante de la tête de Meduse : *ut diceres lapidosi hominis à Medusa permutati* (§).

(*) The Natural History of Oxfordshire.
(†) Musæum Wormianum.
(§) Musæum Calceolarium Settali.

CHAPITRE X.

Pierre de Rein.

La *figure 7 de la Planche I.* représente une pierre de rein, ainsi nommée parce qu'elle a la forme d'un rein, avec le tronc d'un des uretères qui sort de sa partie concave. Cette pierre a cela de particulier, que, lorsqu'elle est fraîchement déterrée, elle a la couleur d'un véritable rein, & le tronc d'uretère qui en sort est si mou qu'on le coupe aisément avec un canif; mais en moins d'une heure il devient dur comme le reste de la pierre. Au moins c'est ce qui arriva à celle dont parle le Dr. Brookes, dans son Histoire Naturelle d'où j'ai tirai la figure que j'en donne.

CHAPITRE XI.

Otites, ou pierres Auriculaires.

Ces pierres ressemblent à une oreille humaine. Elles en représentent la forme extérieure: le creux de l'oreille y est bien marqué. Ces otites sont communes dans quelques carrières d'Angleterre, surtout dans celles du mont Shotover, & aux environs de la ville de Somerton, où le Dr. Plott en a trouvé plusieurs. On en voit ici une sur *la Planche I. Fig. 5.*

CHAPITRE XII.

Pierres qui représentent un œil.

Il y a plusieurs especes de pierres qui représentent un œil. Nous n'en rapporterons que quatre especes.

1. *Premiére espece.*

La premiére espece, celle que Pline a décrite & nommée *Leucophtalmos*, est blanchâtre, & représente le blanc de l'œil, selon Mr. Dargenville. Mais il paroît que le Naturaliste moderne a mal interpreté le nom que le Naturaliste ancien a donné à cette pierre. Pline n'a pas voulu dire qu'elle représentoit le blanc de l'œil, mais plûtôt qu'elle imitoit la figure d'un œil blanchâtre, ou marqué de blanc au centre de la prunelle, ce que nous expliquerons tout-à-l'heure en parlant de la quatriéme espece de ces pierres.

2. *Seconde espece.*

L'Ocyophtalmos ou *Acyophtalmos*, comme l'écrivent quelques Auteurs, est de la même couleur & fait voir un petit œil saillant & pointu.

3. *Troisiéme espece.*

Une troisiéme espece de pierre de la même nature, qu'on nomme *Triophtalmos*, porte la figure de trois yeux, d'où lui vient son nom.

4. *Quatriéme espece.*

Celle dont on voit la figure *Planche I. n. 4.* a un cercle extérieur blanchâtre, ensuite une Zone circuloire de couleur foncée qui est celle de la pierre, puis au centre un petit rond blanc qui ne ressemble pas mal à une taie ou cataracte dont la prunelle seroit chargée. C'est la pensée d'un Naturaliste Anglois qui l'a décrite d'après l'original. Il conjecture que ce pourroit bien être l'œil de Belus mentionné par Boot (*), & que le *Leucophtalmos* de Pline n'en est qu'une varieté, qu'il nomme ainsi à cause du blanc qui couvre le centre de la prunelle (†).

5. *Cinquiéme espece.*

Une cinquiéme espece représente deux yeux l'un à côté de l'autre sur une ligne parallèle, avec une juste distance entre deux. On la nomme *Diophtalmos.* C'est une très belle onyx.

CHAPITRE XIII.

Pierres Mammillaires.

CES pierres, qui ne sont pas rares, représentent la mammelle d'une femme. Le bouton ou mammelon y est bien dessiné & très éminent. On y voit aussi l'aréole ou la couronne qui l'entoure, & elle y paroît semée de petites protubérances, comme dans le Naturel.

1. *Première espece.*

J'en connois deux especes. Celle dont je donne ici la figure (*Planche I. Fig.* 3.) est la plus ressemblante. Je l'ai vue, & je puis prevenir le Lecteur que le burin n'a point assez exactement copié la belle forme de l'original.

(*) De Lapidibus & Gemmis.
(†) The Natural History of Oxfordshire by Rob. Plott.

2. *Seconde espece.*

On en voit une autre espece dans l'Histoire Naturelle du Dr. Brookes (*). J'y renvoie le Lecteur.

CHAPITRE XIV.

Pierre nommés Lapis Chirites, *représentant une Main humaine.*

CETTE pierre striée, de nature un peu gypseuse, représente la paume de la main avec des formes de doigts & d'ongles de couleur de chair. C'est un des plus beaux fossiles que l'on puisse voir.

CHAPITRE XV.

Pierres qui représentent un Muscle.

ON en distingue deux especes particulières, une grande & une petite.

1. *Première espece,*

La première espece (*même Planche Fig. 6.*) est fort longue à proportion de sa grosseur. L'intérieur est une sorte de matière pierreuse jaunâtre ; la surface extérieure est d'un blanc poli & luisant, & légérement marquée de lignes qui l'entourent en forme d'anneaux, comme les plis de l'enveloppe d'un muscle ordinaire. L'un des deux bouts est plus gros que l'autre. Elle

(*) Volume V.

n'est pas ronde, comme un cylindre, mais ovale & tant soit peu applattie d'un côté.

9. *Seconde espece.*

La petite espece ne differe de la grande, qu'en ce que l'ovale n'en est point applatti.

CHAPITRE XVI.

Pierres qui représentent le Nerf olfactoire.

Il y a une carrière près du mont Shotover, d'où l'on tire une quantité de petites pierres jaunâtres, longues, toutes semblables les unes aux autres, qui ont la forme exacte du nerf olfactoire entier. L'extérieur est lisse & poli: l'intérieur est creux. On voit une de ces pierres *Planche* II. *Fig.* 2.

CHAPITRE XVII.

Des pierres appellées Orchis, Diorchis & Triorchis.

Nous voici parvenus aux modeles fossiles des organes de la génération. Quoique ce ne soient que des pierres, peut-être se trouvera-t-il quelques Lecteurs dont la fausse délicatesse sera offensée de ces représentations. Nous respectons assez leurs scrupules pour tâcher de les lever par ces belles remarques d'un Auteur moderne:

„ Ce n'est pas sans raison que les parties de la gé-
„ nération ont été appellées les parties nobles, puis-
„ qu'elles servent à l'ouvrage le plus admirable que
„ forme la Nature; on leur rendoit autrefois les mê-

„ mes hommages qu'aux Dieux: le soleil & les au-
„ tres Astres ont été mis avec moins de raison au
„ nombre des Divinités; leurs influences n'offrent
„ rien de si merveilleux que la rosée féconde qui
„ découle des parties naturelles; les Livres sacrés ne
„ nous inspirent que de la vénération pour ces or-
„ ganes; ils ordonnent qu'on coupe la main à qui
„ osé les outrager; ils excluent du ministère sacré
„ les hommes mutilés, la nouvelle loi les éloigne
„ de même de ses autels: les Caffres victorieux ne
„ prennent pour monumens de leur gloire que les
„ parties nobles de leurs ennemis, ce sont-là leurs
„ statues, leurs histoires, leurs arcs de triomphe;
„ il en font des colliers à leurs femmes, ils en font
„ des présens à leurs amis. Notre histoire ne parle
„ qu'avec horreur de Villandre qui osa porter la
„ main aux parties naturelles de Charles IX. Par ces
„ parties l'homme affermit son empire sur la moitié du
„ genre humain, elles sont le sceau de l'union & de
„ la paix qui rend les familles heureuses. Dans la
„ société elles sont d'une nécessité absolue: l'homme
„ & la femme en se mariant se promettent une fi-
„ délité mutuelle, ils s'assurent l'un de l'autre par
„ des sermens inviolables; mais les loix humaines,
„ autorisées des loix divines, nous dégagent de ces
„ sermens quand nous sommes incapables de nous
„ rendre les devoirs mutuels.

„ Nous pourrions entrer ici dans des détails qui
„ seroient susceptibles d'explications curieuses: de
„ vrais savans ne s'imagineroient pas qu'on fit une
„ insulte à leur modestie en les leur présentant. Ils
„ croient, avec raison, qu'on peut porter sa curio-
„ sité sur tous les objets qu'étale la physique: les
„ parties même qu'une bizarre contradiction a fait
„ appeller nobles & honteuses, ne leur font pas dé-
„ tourner les yeux; leur esprit qui y cherche le mé-
„ chanisme du grand œuvre de la Nature, ne pense
„ qu'à s'instruire; l'admiration qui suit leurs recher-
„ ches tient toûjours leur cœur en sureté. Mais tous les

» esprits ne pensent pas avec cette élévation & cette
» justesse. Il y en a de foibles qui sont dominés par
» les sens & par l'imagination; la petitesse des ma-
» chines délicates, seches & fragiles dans lesquelles
» ils sont renfermés, forme une complexion facile à
» émouvoir, la moindre bluette y produit d'abord
» un embrasement universel: comme tout est conta-
» gieux pour eux, tout les effarouche, ils voudroient
» que le nom des parties naturelles fût retranché des
» Livres de l'Art; peut-être voudroient-ils encore
» que ces parties mêmes fussent retranchées des corps;
» du moins leurs vains scrupules semblent accuser la
» Nature d'avoir choisi une voie honteuse pour mul-
» tiplier le genre humain. Mais que ces esprits sont
» extraordinaires. Cette foiblesse est indigne d'un
» esprit raisonnable, &c. (*)."

Il seroit aussi ridicule de vouloir retrancher certaines matières de l'Histoire Naturelle, que de supprimer dans la Nature les parties qui la renouvellent. Du reste, les Lecteurs sensés comprendront aisément que les pierres que je vais mettre sous leurs yeux entrent nécessairement dans le plan de cet ouvrage, comme dans celui de l'échelle universelle des Etres. C'est assez pour justifier la liberté que je prends de les décrire.

1. *Orchis.*

L'*Orchis* est une pierre qui représente un testicule de l'homme ou d'un animal quelconque. On a vu des individus humains qui n'en avoient pas plus d'un.

2. *Diorchis.*

Lorsque cette pierre représente les deux testicules, on la nomme *Diorchis*. C'est l'espece la plus commune.

(*) L'Anatomie de Heister, Tome I, p. 5[illegible]. *& suiv.*

Il y a des *Diorchis* d'une grosseur prodigieuse: telles sont celles dont parle le Dr. Plott, & qu'il a trouvées au côté occidental du mont Shotover: montagne si féconde en ces sortes de productions, qu'on pourroit la comparer à un attelier où la Nature a déposé quantité de modeles des différentes parties du corps humain.

3. *Triorchis.*

La pierre, nommée *Triorchis*, représente trois testicules; ainsi il se rencontre quelquefois des hommes à qui la Nature libérale en a donné autant. N'est-ce pas un phénomène remarquable, que l'on trouve dans les fossiles des types de cette monstruosité?

CHAPITRE XVIII.

De la pierre nommée Scrotum humanum. *Voyez Planche I. Fig. 1.*

CETTE pierre, qui représente le *Scrotum*, c'est-à-dire la bourse contenant les testicules, est d'un blanc sale, & la surface en est fort ridée. Ce n'est pas seulement par sa forme externe qu'elle imite cette partie de l'homme. L'organisation interne paroît y être également analogue. En touchant ce *Scrotum* pierreux, on croit sentir que chaque testicule est contenu dans une bourse particulière musculeuse, comme si l'intérieur en étoit divisé en deux par la cloison formée de la duplicature du *Dartos*, ainsi que dans le véritable scrotum humain. Une autre singularité de cette pierre, c'est qu'on voit à sa partie supérieure une espece de canal, rempli d'une substance spongieuse, assez semblable à une portion de l'urethre.

CHAPITRE XIX.

Des Priapolites, Colites & Phalloïdes.

Ce sont des pierres qui représentent le membre viril enflé avec ses testicules. Il y en a de plusieurs sortes.

1. *Première espèce.*

Le plus beau de tous les Priapolites est, sans contredit, celui dont je donne la figure *Planche III. n. 1.* La ressemblance est aussi parfaite qu'on puisse la desirer. L'imagination n'a rien à y suppléer. Sa couleur est jaunâtre. On voit dans le milieu un canal rempli de matière cristalline, très relatif au conduit de l'urethre, le gland percé à son extrémité, avec le prépuce qui recouvre, les deux testicules bien formés & pend à la racine de la verge. Comme j'ai vu ce Priapolite, je puis insister sur la fidélité de la figure & de la description.

Ce fossile se trouve en Saxe: ce qui fait que les Auteurs l'ont nommé *Priapolites Saxoniæ cum appensis testibus* (*).

2. *Seconde espèce.*

Il y a des Colites dans les Pyrénées, mais ils n'ont point de testicules. Ce sont des Cylindres de couleur jaunâtre, traversés par un canal cristallisé, comme dans le précédent, imitant le canal de l'urethre, du reste sans aucune forme de gland ni de testicules; il y a seulement une apparence d'ouverture à l'une de ses extrémités.

3. *Troi-*

(*) Oryctologie de Mr. Dargenville.

Fig. 1.

2

3

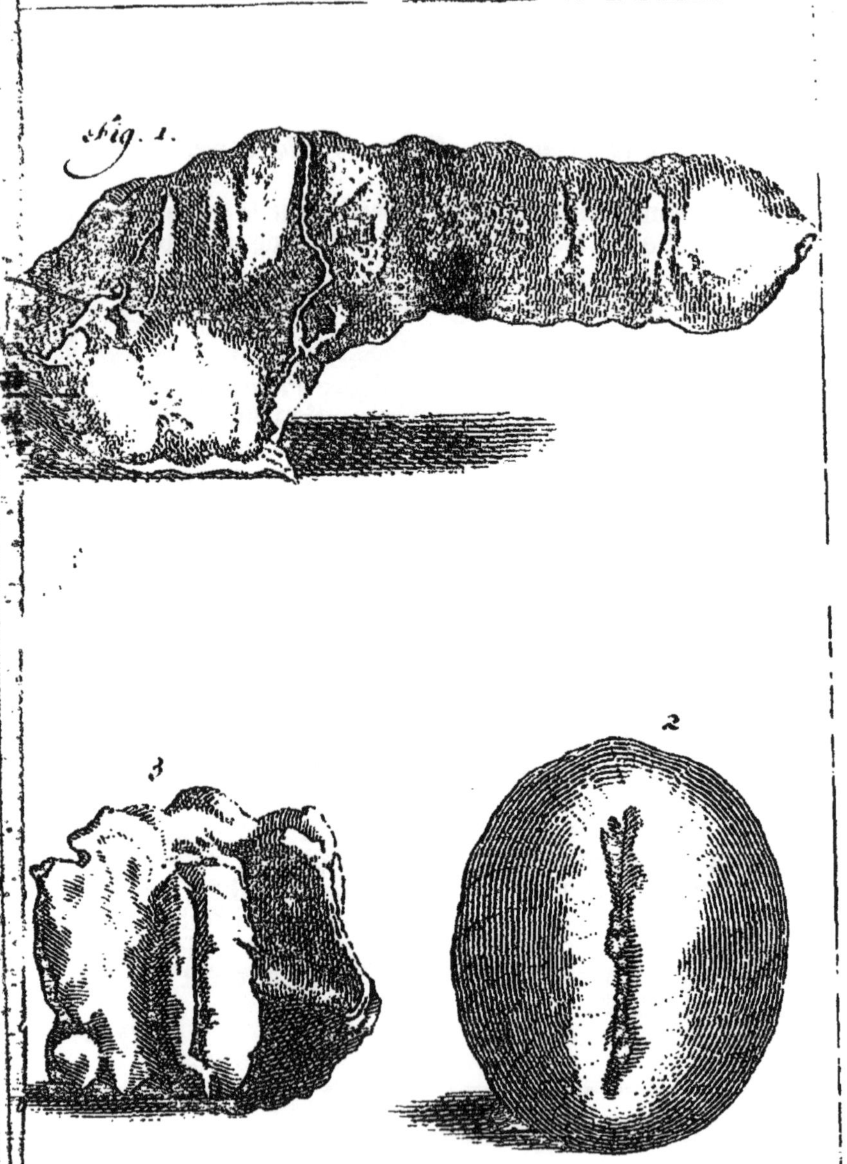

3. *Troisième espèce.*

Le Priapolite de Castres en Languedoc, ne diffère de celui des Pyrenées que par sa couleur qui est grisâtre: la forme d'ailleurs est la même (*).

CHAPITRE XX.

Pierre nommée Histerapetra.

L'HISTERAPETRA que l'on voit *même Planche Fig.* 2. est de forme ellyptique, un peu élevée en cône par dessus, & plate en dessous: elle imite la vulve d'une femme. Cette pierre se trouve dans le Roussillon près du village de St. Laurent de Cerdans, dans la Vallée de Custuia (†).

CHAPITRE XXI.

*De l'*Histérolithos, *ou* Diphys, *ou* Diphtys.

NOUS venons de voir les deux sexes représentés séparément par des pierres différentes; les voici réunis dans le même fossile, comme si la Nature eût voulu en faire le type des hermaphrodites.

L'*Histerolithos*, ou *Diphys*, est une pierre selon quelques-uns, & selon d'autres une coquille bivalve fossile, qui représente d'un côté le partie naturelle de la femme avec les grandes levres fort étendues & élevées, & de l'autre côté les parties de l'homme. Les unes & les autres sont si bien imitées, dit Pline, qu'on

(*) Oryctologie de Mr. Dargenville.
(†) Là-même.

les croiroit propres à l'acte de la génération, si elles n'étoient pas de pierre : *ut concubitui venereo aptum dixeris, nisi lapis esset* (*).

Ce fossile se trouve en abondance en plusieurs endroits, dans la Gotlande en Suède, dans l'Evêché de Treves, en France dans le Roussillon, & aux environs de la ville de Castres. Il est rare que l'on ne trouve qu'une seule de ces pierres. Il y en a ordinairement plusieurs accrues les unes auprès des autres dans la même roche.

Gesner, Agricola & Wormius nomment ce fossile *Diphys* (†). Scheuchzer lui donne le nom de *concha veneris lapidea* (§).

On en voit ici la figure *même Planche Fig.* 3.

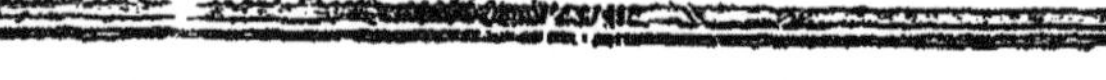

CHAPITRE XXII.

Caillou connu sous le nom de Puer in fasciis.

C'EST un caillou oriental oblong, dont la marbrure rouge renferme la figure bleuâtre d'un enfant en maillot, d'où lui vient le nom de *Puer in fasciis*. La représentation n'est pourtant pas si exacte qu'il ne faille un peu s'y prêter. Mr. Dargenville en a donné la figure dans son Oryctologie (§§).

(*) Plin. Hist. Liv. XXXVII. Chap. X.
(†) Musæum Wormianum.
(§) Piscium Querelæ.
(§§) Page 208. Planche 6. n. 5.

CHAPITRE XXIII.

Autre caillou représentant les fesses d'un enfant.

Ce caillou oriental est rond & représente, sur un fond brun, les fesses bien distinctes d'un enfant dont les jupes seroient relevées. On en peut voir la figure dans l'ouvrage que je viens de citer (*).

CHAPITRE XXIV.

Des Figures humaines empreintes sur des Agathes, & autres pierres.

On voit, dans les cabinets des curieux, des agathes qui portent des empreintes naturelles d'une tête humaine très bien dessinée. Tels sont deux petits portraits de Negres, l'un avec la tête nue, l'autre coëffé d'un petit chapeau à l'Espagnole. Tel est encore un portrait noir dans la maniere de Rembrant, où l'on voit très distinctement le nez, la bouche, l'œil, le front, le menton, les cheveux & la draperie.

Wormius fait mention d'une pierre qui représentoit parfaitement un homme dont on voyoit toutes les parties.

Bartholin parle de certains cailloux qui semblent avoir été travaillés au tour, tant ils représentent délicatement les yeux, le nez, la bouche, les bras, les pieds & les autres parties du corps humain.

(*) Même Page, même Planch. n. 4.

CHAPITRE XXV.

D'un Rocher appellé le Moine pendu.

DANS l'Isle de Malthe, sur une des côtes de la mer, paroît un rocher séparé du reste d'une montagne, tellement suspendu, & ressemblant si fort à un Hermite, qu'on l'appelle communément, *Il Frate impiccato*, ou *le Moine pendu* (*). Il paroît que les pierres devoient représenter l'homme de toutes les manières, par parties & en entier, en grand & en petit, en empreintes plates & en relief.

CHAPITRE XXVI.

Conclusion des Chapitres précédens.

IL me seroit aisé d'augmenter ce catalogue de curiosités naturelles d'un très grand nombre de pièces aussi singulières, & dont l'existence est également constatée. Je pourrois y joindre, par exemple, les cailloux dont parle Moncomp dans ses Voyages: il dit avoir trouvé, sur le chemin du Mont Sinaï au Caire, des cailloux qui représentoient de grands cœurs, & qu'en ayant pris un qui paroissoit avoir une cicatrice, & l'ayant fendu & ouvert, il y avoit trouvé un cœur blessé dans chacun des côtés du caillou (†).

Mais c'en est assez, je crois, pour faire voir que la Nature, en travaillant les pierres, modéloit véritablement les différentes formes du corps humain. La figure constante de chaque espéce de pierres que je viens

(*) Voyez le Journal des Savans, an. 1677.
(†) Là-même.

de mettre sous les yeux de mes Lecteurs, annonce de plus que ce ne sont point des jeux du hazard, mais les produits d'autant de germes particuliers, des réalisations du modèle unique de tous les Etres, des animaux vivans, quoique dénués en apparence de sens & conséquemment de mouvement progressif & de vie extérieure. Je dis en apparence, car ils pourroient posséder ces avantages à un degré si foible qu'il ne nous fût pas sensible, & néanmoins si réel qu'il pût se faire appercevoir en prenant une teinte plus forte.

Ces Etres nous paroissent placés bien bas dans l'échelle. Ils en ont cependant beaucoup d'autres, au dessous d'eux. Les sels, les souphres, les bitumes, les huiles sont des degrés inférieurs aux métaux & aux pierres. Au dessous des huiles il y a les animalcules aëriens, ignés, aqueux, terreux, systêmes organiques les moins composés que l'on connoisse, & réputés pour cela les premières préparations de l'esprit animal.

En contemplant l'Etre dans les pierres, nous devons donc nous souvenir que, pour atteindre ce degré, il a passé par un nombre & une variete de transformations qui excédent la force de l'imagination la plus vaste, & qui toutes préparoient de loin la forme humaine.

SECONDE PARTIE.

CHAPITRE XXVII.

De l'intérieur des fossiles considéré comme un type de l'organisation humaine.

La structure organique des fossiles n'est plus un problême. Ceux d'entre les Naturalistes qui s'obstinent, avec le vulgaire, à les regarder comme des corps bruts, ne peuvent disconvenir pourtant que leur tissu intérieur ne soit composé de fibres & de veines entrelacée les unes dans les autres.

Les minéraux, dit Mr. Wallerius (*), sont des substances qui croissent sans paroître avoir de vie, & sans qu'on remarque qu'aucun suc visible circule ou soit contenu dans leurs fibres ou veines.

Que sont ces fibres & ces veines sensibles dans un très grand nombre de fossiles, sinon des organes? L'organisation des os, des muscles, des chairs, en un mot de tout le solide animal est-il autre chose qu'un entrelacement de fibres & de fibrilles qui se croisent en plusieurs sens, & s'arrangent sous différentes combinaisons, en paquets, en réseaux, en cordons, en lames, en houppes, &c. avec différens degrés de tension & de roideur?

„ Il y a des Naturalistes qui prétendent que les mi-
„ néraux ont une vie semblable à celle dont jouissent
„ les végétaux: mais personne n'ayant encore pu jus-
„ qu'à-présent remarquer, même à l'aide des meil-
„ leurs microscopes, que ces substances eussent un

(*) Minéralogie ou Description générale des substances du Regne Minéral; au commencement.

„ contenu dans des fibres ou veines; personne n'ayant „ établi ce sentiment par quelques preuves; & d'ail„ leurs étant impossible de se former une idée de la „ vie en général sans un suc qui circule, on ne voit „ point sur quel fondement on attribueroit une vie „ aux minéraux, à-moins qu'on ne voulût appeller „ vivant tout ce qui a la faculté de croître & de s'aug„ menter: en admettant cette supposition, il n'est pas „ douteux, qu'on ne puisse dire *que les minéraux vi„ vent* (*)."

Si l'on n'a point d'autre raison pour refuser aux minéraux une vie particulière, que de nier qu'ils soient imprégnés d'un suc vivifiant, ni d'autre raison de nier l'existence de ce suc, que parce qu'on ne l'a pas encore apperçu, on peut aisément les réfuter l'une & l'autre.

Quand il seroit vrai qu'on n'eût point apperçu de fluide circulant dans les vaisseaux fibreux des fossiles, ni glandes, ni vésicules, ni mammelons qui tinssent en dissolution un suc nourrricier, ni trachées qui en aidassent la filtration, ce seroit moins une marque de la non existence de ce fluide, que de son extrême finesse. Car, pour tirer nos exemples, des corps les plus purs & du tissu le plus serré, ce qu'on nomme paille ou défaut dans les pierres fines, pourroit bien être un épanchement de ce suc extravasé, qui en constateroit la réalité. Les esprits animaux sont un fluide presque universellement reconnu, quoiqu'aucun Anatomiste ne l'ait vu, quoique personne même n'en ait apperçu les traces.

Je ne pense pas qu'il faille un grand appareil de preuves pour persuader que les fossiles contiennent un suc qui en pénétre toutes les parties. On voit l'eau distiller des voutes des grottes, & l'on ne sauroit douter qu'elle ne se filtre au travers de la roche. Un caillou augmente de poids, après avoir resté quelque temps

(*) Minéralogie de Mr. Wallerius. 2. Observation.

dans l'eau, soit sur le bord d'une rivière ou de la mer, sans-doute parce qu'il s'en est imbibé & comme saoulé. „ Monconys rapporte dans ses voyages, qu'u„ ne pierre qu'on avoit mise dans un matras où il y „ avoit de l'eau, & qu'on avoit bouché très exacte„ ment, avoit tellement augmenté de volume au bout „ de quelques années, qu'il fut impossible de la reti„ rer du matras sans le casser (*)." J'ai vu aussi dans une bouteille une pierre qui n'y avoit sûrement pu entrer dans l'état où elle étoit. Ces dernières expériences prouvent que ces pierres s'étoient nourries d'eau par intussusception, & que, par une vertu interne assimilative, elles en avoient converti les parties en leur propre substance.

Combien de pierres sont grasses huileuses & au toucher! D'où vient cette transpiration grasse & huileuse, sinon du fluide semblable qu'elles contiennent! Combien de pierres se distillent, & donnent à la distillation plus ou moins de liqueur! Combien de pierres se durcissent au feu par l'évaporation du fluide qui les amolissoit! En général toutes les pierres en se refroidissant après la fusion deviennent concaves à la surface, & la masse fondue est plus légère que n'étoit la pierre avant que d'entrer en fusion (†). C'est qu'à la fusion, le suc contenu dans les fibres, & les veines, s'évapore; les parois des unes & des autres s'affaissent en se rapprochant; la diminution du poids vient de la dissipation du fluide; & la concavité de la surface de l'affaissement des fibres & des veines.

La couleur des pierres précieuses ne vient que du suc métallique dont elles sont imprégnées: suc extrêmement subtil où sont très-finement dissoutes des particules de fer pour donner la couleur rouge au rubis, de cuivre pour faire le bleu dans les saphirs; de cuivre & de plomb pour rendre la chripolite d'un jaune

(*) Metallique de Mr. Wallerius. 3. Observation.
(†) Là-même, page 6.

verdâtre ; de cuivre & de fer pour former le beau verd de l'émeraude & du béryle, &c.

Il y a des pierres qui semblent être des éponges pleines du fluide électrique. Enfin tout nous confirme que nous avons raison de regarder les pierres comme des systêmes de solides arrosés par un fluide, quel qu'il soit.

Nous ne prétendons pas qu'elles aient une vie semblable à celle des végétaux. Il n'est donc pas nécessaire que le Suc qu'elles contiennent y ait une marche semblable à celle de la sève dans les plantes. Une simple pénétration ou imbibition, un arrosement suffit peut-être à l'espéce de leur économie vitale. Ou peut-être encore est-ce quelque chose de plus simple dans les échellons les plus bas. Tout vit ; mais la vie est réduite à ses moindres termes dans les premières réalisations du prototype (*).

Cependant les fibres & les veines des fossiles ou on en découvre à la simple vue, semblent destinées à en filtrer un suc nourricier: cette conjecture n'a rien d'étrange.

Les talcs & les ardoises, l'or, l'argent & tous les fossiles lamineux ont leurs feuilles attachées par de petits fibres qui vont transversalement d'une feuille à l'autre, comme les fibres qui lient ensemble les lames dont les os sont formés dans l'animal.

Parmi les fibres pierreuses & métalliques, il y en a dont la structure imite celle de plusieurs fibres animales. La numismale a des fibres tournées en forme de spirales, comme celles du cœur; le plomb en a de tortueuses & d'annulaires, comme celles de la plevre; l'antimoine en a de pliées en zig-zag, comme les fibres musculaires, &c. Qui connoîtroit l'intérieur de tous les fossiles, y verroit peut-être des types de toutes les fibres animales.

Une pierre est ordinairement un tout d'une structure assez uniforme. Elle n'est point composée de

(*) Voyez dans le Livre intitulé *de la Nature*, Tome IV. des preuves & des faits sensibles concernant la vie des fossiles

folides d'une confiftance ou d'une efpèce différente. Un métal a le même caractère d'uniformité dans fa texture. Ce n'eft pas qu'on ne voie auffi des foffiles dont le tiffu eft plus ferré dans une partie & plus lâche dans une autre partie; d'autres qui ont une forte de noyau, ou de cœur, à leur centre; d'autres dont l'intérieur eft rempli d'une apparence médullaire. Ce font autant d'échellons qui s'élevent les uns au deffus des autres.

Le grand nombre des foffiles font plus uniformes dans leur organifation, & cette uniformité les met au deffous de ceux qui y font moins afferyis. La Nature s'étudiant à tourner & à tiffer la matière fibreufe, commença par les moindres élémens, par les combinaifons les plus aifées, pour s'élever graduellement à des compofés plus favans.

Il y a une gradation d'appareil fibrillaire dans les foffiles. Pour juger en combien de manières la Nature l'a varié, multiplié & nuancé, il faudroit avoir une minéralogie complette, une énumeration exacte de toutes les fubftances foffiles, & de plus en voir le tiffu à découvert. Quand aurons-nous une Minéralogie complette? Affurément il y a encore bien des Etres inconnus à ajoûter à celles de Wallerius & de Bomare. Quand aurons-nous des inftrumens qui nous mettent en état d'anatomifer tous les minéraux connus?

CHAPITRE XXVIII.

Paffage des Minéraux aux Plantes.

Les pierres fibreufes, c'eft-à-dire celles dont les fibres font fenfibles, forment le paffage des minéraux aux végétaux. Elles approchent fi près de ceux-ci, que, le préjugé mis a part, il feroit difficile de les en diftinguer. Tels font les mica, les talcs, les pierres pllaires, les amiantes, les asbestes, qui composent des familles considérables. Nous allons entrer dans quelques détails sur ces pierres, autant qu'elles ont de rapport avec l'objet principal de cet Ouvrage.

CHAPITRE XXIX.

Les Mica.

Les mica sont des pierres composées de particules en forme de petites écailles, ou lames, attachées les unes aux autres par des fibres transversales de la manière que j'ai dite ci-dessus (*). Elles sont ordinairement tendres & friables.

Le feu desséchant leurs fibres & en détruisant la structure, les raccornit & le rend dures au toucher.

Ces pierres varient d'une espece à l'autre pour la consistance, la figure & l'arrangement de leurs parties.

1. Première espece.

Mica roide.

Cette première espece a ses lames ou écailles roides, sans aucune flexibilité. La couleur varie chez les individus: il y en a de blancs, de jaunes, de verds, de rouges & de noirs: *mica rigida.*

2. Seconde espece.

Mica flexible.

Celle-ci a de grandes lames flexibles: sa couleur est un blanc argenté: *mica flexilis argentea.*

(*) Chapitre XXVII.

3. *Troisième espece.*

Mica écailleux à lames pointues.

Les écailles de ce mica sont minces & pointues: *mica particulis tenuioribus acuminatis.*

4. *Quatrième espece.*
Mica brillant.

Les lames de cette espece sont luisantes & demi-transparentes: *mica semi-pellucida.*

5. *Cinquième espece.*
Verre de Moscovie.

Le verre de Moscovie, *vitrum Moscovitum*, a des lames aussi transparentes que du verre.

6. *Sixième espece.*
Mica strié,

Ce mica paroît plûtôt composé de filets parallèles, arrangés en faisceaux, que d'écailles, tant elles sont fines & allongées: *mica particulis oblongis.*

7. *Septième espece.*
Mica demi-sphérique.

Les lames de cette espece sont rangées circulairement autour d'un centre commun, où elles viennent se réunir pour la plûpart. Ce mica demi-sphérique se trouve à Spogol en Finlande (*): *mica hæmisphœrica.*

(*) Minéralogie de Wallerius. Ce Naturaliste fait une autre distribution des mica, peut-être meilleure que la mienne, mais je ne fais pas une méthode.

8. *Huitième espece.*

Mica irrégulier.

C'est celui dont les parties lamineuses semblent ne garder aucune régularité dans leur figure ni dans leur arrangement: *mica squammulis inordinatè mixtis.*

CHAPITRE XXX.

Les Tales.

LES tales nous montrent, à-peu-prés, les mêmes phénomènes, seulement avec des variations finement graduées dans la forme, la consistance, & le calibre des petits feuillets qui les composent. Le tissu en est plus serré, ce qui leur donne plus de massiveté.

Plus on compare la structure des mica & des tales à celle des os, plus on se convainc que l'une est une étude de l'autre.

CHAPITRE XXXI.

Les Pierres Ollaires.

L'INTÉRIEUR des pierres ollaires offre à la première vue des amas confus & irréguliers de petits feuillets, de filamens & de petits grains: ce sont des paquets de fibres, comme l'Anatomie en fait voir une infinité de plus ou moins gros dans le corps animal.

CHAPITRE XXXII.

Les Roches de corne.

On appelle roche de corne une pierre qui par sa structure feuilletée est analogue à la corne des animaux, à laquelle elle ressemble aussi par sa couleur. On sait que la couleur des corps provient du fluide qui les pénétre & les teint en les pénétrant: ce qui rend l'analogie entre cette pierre & la corne animale plus complette. Nous verrons dans la suite que nos ongles sont des extraits perfectionnés de la corne des quadrupedes.

Il y a surtout une espece de roche de corne dure & noire, qui ressemble plus que toutes les autres au sabot du cheval, comme l'ont observé les Naturalistes; les autres especes en approchent plus ou moins. Les feuilles de celles-là se levent & se détachent comme les feuilles de la corne.

CHAPITRE XXXIII.

Les Amiantes.

On s'apperçoit, en considérant les amiantes & les asbestes, que la Nature, parvenue à ce genre de productions, a déja considérablement perfectionné le systême fibrillaire.

Les amiantes sont composées de fibres dures & coriaces qui ont beaucoup de rapport avec celles des substances charnues. Elles sont ou disposés parallèlement, ou elles se croisent & s'entrelacent pour former des couches ou membranes réticulaires.

» Les différentes especes d'amiantes, dit Mr. Wal-

„ lerius, sont les plus molles de toutes les pierres; „ elles sont ordinairement flexibles jusqu'à un certain „ point; on peut même les filer & en faire de la toi„ le; ce sont aussi les plus légères des pierres, atten„ du qu'elles nagent à la surface de l'eau; il n'y en a „ point qui aient plus d'analogie avec le règne ani„ mal & végétal par leur mollesse & leur légèreté, & „ surtout par leur organisation ". Je vais parler de quelques especes dans l'ordre où elles se présenteront.

1. *Première espece.*

Amiante de chypre, ou lin fossile.

Ce lin fossile ressemble beaucoup, pour la couleur & la substance, à un paquet ou faisceau de cheveux gris. On l'appelle aussi laine de montagne: *lana montana.*

2. *Seconde espece.*

Cuir fossile.

Le cuir fossile, ou cuir de montagne, a des fibres molles, étroitement unies les unes aux autres, entrelacées par d'autres fibres, dont la texture est tout-à-fait coriacée. Il ressemble parfaitement a du cuir, dont il prend le nom: *corium montanum.*

3. *Troisième espece.*

Chair fossile. Caro montana.

La chair fossile est encore une amiante composée de l'assemblage de plusieurs membranes epaisses & solides, & si analogues a des membranes charnues qu'on n'a pu lui en refuser le nom. Il est à remarquer que ce nom lui a été donné avant toute idée d'un systême semblable à celui que j'expose, & par des Naturalistes qui étoient fort éloignés d'envisager la Nature sous le même point de vue que je la considere à ce moment. Frappés de la ressemblance, ils ont rendu hommage à la verité, même en la contredisant; &, en suivant une route contraire à celle qui devoit les conduire au vrai systême, ils nous l'ont indiquée.

CHAPITRE XXXIV.

Les Asbestes.

Les asbestes, composés de fibres appliquées longitudinalement les unes contre les autres par faisceaux, ont avec les nerfs & les muscles les mêmes rapports organiques que les amiantes ont avec les chairs, si ce n'est que les fibres des asbestes n'ont pas la flexibilité des fibres nerveuses & musculaires, comme celles des amiantes ont la souplesse des fibres charnues.

On distingue l'asbeste mûr de celui qui ne l'est pas encore, en ce que les fibres de celui-ci sont si tendres qu'on les casse plûtôt que de les séparer, au-lieu que lorsqu'elles ont acquis de la consistance en mûrissant, on les détache facilement les unes des aûtres suivant leur longueur. On peut aussi filer & tisser l'asbeste mûr comme l'amiante.

CHAPITRE XXXV.

Si les Amiantes & les Asbestes doivent être mis au rang des minéraux, ou des végétaux.

Quelques Auteurs (*) ont soutenu que l'amiante & l'asbeste n'étoient point des fossiles, mais

(*) Voyez Rieger, *Lexicon Hist. Nat.* au mot *amiantus*.

mais plûtôt des végétaux. La méprise, si c'en est une, est bien pardonnable. Ils ont pu croire sans absurdité que des substances filamenteuses, flexibles & légères comme les racines des plantes, propres, comme le lin végétal, a être filées & manufacturées en toile, pouvoient appartenir au même regne.

Il est vrai qu'elles se tirent des montagnes, & qu'on ne les voit point s'élever au dessus de la surface du sol. Que s'ensuit-il? Qu'elles pourroient être des plantes toutes en racines: seroit-ce une chose si étrange? D'ailleurs la truffe ne sort point non plus de dessous la terre; on peut l'appeller à cet égard une plante fossile.

L'amiante & l'asbeste sont incombustibles, & se durcissent au feu aulieu de s'y consumer. N'y a-t-il pas quantité de racines qui ont la même vertu, celles du *Sodda* des Indes, l'*Androsaces* de Dioscoride, l'*Umbilicus marinus Monspeliensium?*

C'est un fait que les amiantes & les asbestes participent plus de la Nature & des propriétés des végétaux, que de celles des minéraux. Il y a de la discrétion & de la retenue à les regarder seulement comme destinés à remplir le passage du minéral au végétal. On les appellera si l'on veut, des fossiles qui se métamorphosent en plantes, pour commencer le regne végétal, dont l'autre extrémité est pleuplée de plantes qui s'animalisent.

TROISIEME PARTIE.

CHAPITRE XXXVI.

Sommaire des rapports organiques de la Plante avec l'Homme.

Nous n'avons vu jusques-ici que des masses sans excroissances, des troncs sans rameaux, des corps sans membres. Les premières plantes, telles que la truffe & le nostoch, sont aussi dénuées de branches, de tiges & de feuilles. Le champignon a des racines : sa tête, gonfle sur son pédicule, s'évade de tous côtés en forme de chapiteau convexe en dessus, concave en dessous ; cette dernière surface est feuilletée, ou fistuleuse ; c'est-à-dire garnie de petits tuyaux. Les lichens suivent les champignons. Viennent ensuite les plantes herbacées, les arbrisseaux & les grands arbres.

Ainsi la matière, qui ne s'étoit montrée jusqu'à ce degré de l'échelle des Etres, que sous des formes resserrées sans ramifications extérieures, fait ici de ces troncs autant de centres d'où sortent progressivement d'un côté des racines, de l'autre des branches, & des feuilles. Nous verrons, dans la suite, les nouvelles formes que prendront les unes & les autres.

Mon dessein n'est pas de m'arrêter ici à contempler la multitude immense des plantes, ou la variété infinie de leurs figures. Nous connoissons un peu plus de vingt mille espèces de plantes, & ce n'est pas sans-doute la vingtiéme partie de ce qu'il nous en reste à connoître. Qui pourroit seulement compter le peuple nombreux des mousses, des lichens, des champignons ? Notre botanique est peut-être à celle de la

Nature, comme un à cent-mille. Je me trompe; nous ne sommes pas si avancés. La diversité des formes végétales qui fait une gradation de nuances depuis le nostoch jusqu'au cedre & au sapin, n'est pas moins étonnante. Mais ce qui doit fixer notre attention, ce sont les rapports organiques de la plante avec l'homme.

L'homme n'est point une plante : la plante n'est point un homme. J'apperçois seulement entre la plante & l'homme une analogie de formes & de parties qui me dit que ce sont deux métamorphoses du prototype, dont l'une, quelque éloignée qu'elle soit de l'autre, peut néanmoins l'amener par une suite d'altérations, d'accroissemens & d'approximations.

Je ne veux pas dire qu'une plante puisse devenir un homme. On m'auroit mal compris, si on l'entendoit ainsi. Je me suis assez expliqué: j'entends uniquement que le dessein d'après lequel la Nature a travaillé le végétal, peut être perfectionné jusqu'à devenir le modele de la machine humaine, comme le plan de l'organisation des plantes est une variation perfectionnée du plan des machines minérales.

Je vois dans les plantes une distinction de sexes, & des parties sexuelles qui ne s'éloignent pas beaucoup, pour la forme, des parties naturelles de l'homme & de la femme. Les étamines, parties mâles des plantes, sont des filets ou petites colonnes qui portent des gousses spermatiques, analogues aux testicules. La différence entre ces parties & celles de l'homme, consiste en ce que, dans l'homme les testicules pendent au dessous & à la racine de la verge, aulieu que, dans la plante, les testicules sont au sommet ou à la tête des petites verges.

Les plantes ont une semence continue dans des vésicules, d'où elle est éjaculée dans un lieu propre à la fécondation. Ce lieu est le pestile, & ce pestile a sa base, ses conduits & son sommet, qui représentent la matrice, les trompes & la vulve de la femme.

Le fœtus plante a des filets ombilicaux, des lobes

qui lui servent de placenta, & des enveloppes qui répondent au chorion & à l'amnios où le fœtus humain est contenu. Cet assortiment de parties se forme, pour l'un comme pour l'autre, du superflu de la semence. L'un & l'autre se nourrissent, dans ce premier état, par le cordon ombilical.

On distingue dans l'homme le corps & les extrémités: la tête, les bras, les cuisses & leurs dépendances sont les extrémités. La division est la même pour la plante: on y distingue le tronc & les extrémités qui sont les racines & les branches. Il n'est pas encore temps de voir les racines se raccourcir, la partie inférieure du tronc se diviser en deux portions égales, toutes les branches se réunir de côté & d'autre en deux grosses seulement, mais nous pouvons remarquer en passant, que les doigts ou ramifications des pieds & des mains sont des restes déguisés de l'ancienne forme.

Toutes les parties solides du corps humain sont de deux sortes, osseuses ou charnues. De-même toutes les parties solides des plantes, les racines, les tiges, les branches, les feuilles, les fleurs, les fruits, les graines, sont composées de deux sortes de corps. Les parties ligneuses, c'est-à-dire les fibres & les filets répondent aux os. Les écorces, les peaux, les moëlles, les pulpes, les parenchymes sont leurs chairs. La moëlle végétale est contenue dans le bois, comme la moëlle animale dans l'os.

L'écorce de l'arbre est composée de trois membranes: savoir la fine écorce, la grosse écorce & l'épiderme. La peau de l'homme est de-même formée de trois membranes, la peau intérieure, la surpeau & l'épiderme.

Il y a dans le corps humain deux fluides généraux, le sang & la lymphe. Il y a dans les plantes deux fluides, la seve & une liqueur visqueuse analogue à la lymphe. Si la seve ne circule point réellement dans la plante, comme le sang dans l'homme, elle ne laisse pas d'y avoir un cours reglé, & quelque nom qu'il mérite, c'est toûjours une *idée* de la circulation du sang (*).

La plante pompe par ses racines & par les pores de ses feuilles, qui sont comme autant de bouches, un suc qui est porté dans des utricules, comme dans des estomacs. Là il fermente & se digère : il passe ensuite dans les fibres ligneuses, lesquelles équivalent aux veines lactées. Il est versé de là dans les vases propres, analogues aux vaisseaux sanguins, où il se montre sous la forme d'une seve colorée convenable à s'incorporer à la plante. Les ramifications des vases propres la distribuent en effet à toutes les parties de la machine, pour les nourrir.

Il y a aussi, dans la plante, comme dans l'homme, des organes excrétoires pour l'évacuation des matières peu propres à faire corps avec elle.

Les feuilles de la plante sont ses poumons. Leur substance est spongieuse. Elles sont garnies de trachées qui lui servent à respirer. D'autres trachées semblables accompagnent les fibres ligneuses avec lesquelles elles communiquent, y introduisant sans cesse l'air de la respiration pour atténuer la seve & en faciliter le mouvement. De pareils tuyaux, tournés en spirale, accompagnent dans l'homme les vaisseaux sanguins & y soufflent sans cesse un nouvel air qui se mêle au sang pour le subtiliser & en faciliter la circulation.

Dans les plantes encore. . . mais qu'est-il besoin de m'appesantir sur ce parallèle & de répéter ici ce que tant d'Auteurs ont observé & publié sur l'anatomie des plantes, leur nutrition, leur accroissement, leur génération, & les organes de toutes ces fonctions? Les plantes vivent, elles respirent, elles transpirent. Elles transpirent beaucoup plus que l'homme; elles respirent d'autant plus facilement que leurs poumons sont à l'extrémité de leurs membres, au lieu que les

---

(*) Je prends ici le mot *idée* dans sa signification propre, pour *image*. Voyez le Chapitre suivant au sujet de la circulation de la seve.

nôtres sont resserrés vers le centre de notre corps. Il y a, dans les machines végétales, une intussusception de matière nourricière qui y est préparée & digérée; il y a une assimilation de parties propres, & une excrétion de matières impropres ou hétérogènes. Les plantes ont un temps de veille & de sommeil; elles ont encore un grand nombre de nos maladies: elles sont sujettes aux pustules, aux engorgemens, obstructions, abcès, inflammations, à la gengrene, à une espèce de fièvre, &c.

Voilà, ce me semble, un assez grand nombre des appanages de l'humanité. A peine les plantes pourroient-elles en avoir davantage, sans être des hommes. Ce n'en sont pourtant que des ébauches bien imparfaites.

CHAPITRE XXXVIII.

De la circulation de la Sève dans les Plantes.

» Le suc passe à travers les insertions (qui sont » des filtres serrés contre le corps ligneux,) pour aller de l'écorce vers la moëlle. Dans le haut de la » racine, les insertions s'opposent à ce passage; parce que la moëlle qui est vis-à-vis, étant fort large, » la fermentation du suc y est très-forte, & par conséquent l'opposition qu'il fait au nouveau suc est assez grande; mais dans le bas de la racine le suc passe » plus facilement à travers les insertions, soit parce » que n'y ayant que peu ou point de moëlle; il ne » trouve presque pas d'obstacle, soit parce que les » insertions y étant plus petites, & pressant par conséquent moins les fibres du corps ligneux, le chemin est plus ouvert; de sorte que bien que le suc » trouve quelque résistance, même dans cet endroit, » comme elle y est fort petite, il nourrit en passant » le corps ligneux, & il arrive enfin dans la moëlle,

Planche IV. Page 54.

J. V. S. direx.

„ Il y entre ensuite de nouveau suc, & celui qui est
„ venu le premier n'étant plus ni trop crud, ni trop
„ grossier; mais au contraire étant purifié & affiné,
„ il s'éleve facilement dans la moëlle, comme dans
„ la grande artère, jusqu'à la hauteur des insertions
„ les plus élevées. Lorsqu'il y est arrivé, les parties
„ les plus volatiles continuent à monter en droite li-
„ gne vers la tige de la plante; celles qui ne sont pas
„ si propres à monter ne pouvant pas aussi descendre,
„ parce qu'elles sont plus légères que celles qui sont
„ au dessous d'elles, prennent un mouvement moyen
„ entre l'un & l'autre, & retournent de la moëlle
„ dans les insertions. Elles nourrissent en passant le
„ corps ligneux, & ce qui en reste étant poussé par
„ d'autre suc qui le suit, va se rendre pour la secon-
„ de fois dans l'écorce qui est comme la veine cave.
„ Il y est encore poussé en dehors par le suc qui
„ vient de la moëlle; mais étant rencontré par d'au-
„ tre suc qui va de la circonférence vers le centre,
„ il est obligé de redescendre vers le bas de la raci-
„ ne, & d'y repasser dans la moëlle à travers les in-
„ sertions, en se joignant au nouveau suc qui y
„ entre dans la terre. Ensuite les parties les plus
„ crues retournent encore de la même manière dans
„ l'écorce & reviennent dans la moëlle; & celles
„ qui se trouvent assez volatiles n'ayant plus besoin
„ de circulation, montent en droite ligne vers la ti-
„ ge de la plante (*)."

C'est ainsi qu'un célèbre Anglois, un des premiers Naturalistes qui ont traité avec quelque méthode de l'Anatomie des plantes, concevoit la circulation de la sève; il voyoit dans les végétaux des parties analogues à la grande artère & à la veine cave.

Un Médecin François, qui a fait un *Traité de l'Ame des plantes*, s'explique ainsi sur la même matière:

(*) Anatomie des Plantes, par Mr. N. Grew, trad. de l'Anglois.

„ Un esprit acide chargé de quelques particules de terre, s'insinue dans la tige des plantes, où se mêlant avec les sucs qui montent par les racines, & ceux qui descendent du résidu de la nourriture des parties, ils se fermentent, ils se cuisent ensemble, & se rendent enfin propres & suffisans à nourrir la plante.

„ Ces sucs, ainsi cuits & préparés, circulent dans toute la plante. Sortant de la tige ils montent dans le tronc, dans les branches & dans les feuilles; & après avoir laissé ce qu'ils ont de meilleur pour la nourriture & pour l'accroissement des parties, le reste qui est inutile descend dans la tige pour y être cuit & préparé de nouveau, après quoi il se distribue derechef dans toute la plante; de-même que dans les animaux le sang artériel sort du cœur, & se distribue dans tout le corps qui retient ce que le sang a de propre pour l'entretenir, & renvoie le reste au cœur qui, après l'avoir préparé, le pousse de rechef vers les parties, & entretient par ce moyen une circulation continuelle.

„ Cette doctrine n'est pas moins sûre pour être nouvelle (en 1685.); il est bien aisé de le démontrer, puisque les raisons qui prouvent que le sang circule dans les animaux, établissent aussi la circulation de la sève dans les plantes: en voici quelques-unes.

„ 1. Le flux inévitable & continuel de la substance de tout ce qui se nourrit a besoin d'être promptement & continuellement réparé.

„ 2. Cette réparation ne peut se faire que par un suc cuit & préparé par les parties destinées à cet usage.

„ 3. Il est impossible que cette préparation, si importante & si difficile, se fasse la première fois, puisque le suc ne s'arrête qu'un moment dans les parties; il faut donc qu'elle se fasse à plusieurs reprises.

„ 4. Dans la nourriture la partie inutile est tou-

„ jours ſéparée d'avec l'utile, & par conſéquent la „ partie inutile doit être renvoyée aux parties qui „ peuvent la rendre utile, en lui procurant les bon- „ nes qualités que toute la maſſe avoit avant que la „ portion utile en eût été ſéparée.

„ Toutes ces conditions qui rendent la circulation „ néceſſaire aux animaux, ſe rencontrent dans les „ plantes; leur ſubſtance ſe diſſipe comme celle des ani- „ maux; elle eſt réparée, comme dans les animaux, „ par la nourriture où le bon eſt ſéparé d'avec le „ mauvais, l'utile d'avec l'inutile; enfin la tige eſt à „ la plante ce que le cœur eſt aux animaux; tous les „ deux reçoivent & donnent, tous les deux préparent „ & digerent.

„ On m'objectera peut-être que les organes de la „ circulation paroiſſent évidemment dans les ani- „ maux, qu'il n'en eſt pas de-même des plantes. Je „ réponds à cette objection que, comme il y a des „ animaux où les vaiſſeaux paroiſſent diſtinctement, „ & d'autres moins parfaits (tels que ſont la plûpart „ des inſectes) où l'on ne voit non ſeulement ni vei- „ nes ni artères, mais dans leſquels on ne diſtingue ni „ cœur ni foie; on peut dire auſſi qu'entre les plan- „ tes il y en a où les organes de la circulation ſont „ diſtincts & viſibles, comme les vieux chênes dans „ l'écorce deſquels on trouve de gros & de petits fi- „ lets, & d'autres où les vaiſſeaux & les routes ſont „ cachées & inconnues. Si l'on veut que la nourri- „ ture des inſectes circule, & qu'ils aient des organes „ diſtincts comme les animaux parfaits, parce que les „ fonctions de ces animaux fourniſſent des conjectu- „ res de l'exiſtence de ces organes; ne pourrois-je pas „ dire la même choſe des plantes où il ne paroît point „ de vaiſſeau (*)."

On pouvoit raiſonner ainſi dans le dernier ſiécle, di-

(*) De l'Ame des Plantes, par Mr. Dedu Docteur en Medecine de la faculté de Montpellier.

ront les Naturalistes du nôtre; mais des observations plus récentes prouvent incontestablement qu'il n'y a point de circulation de la seve dans les plantes. J'en conviendrai aisément avec eux. En rapportant les deux passages qu'on vient de lire, je n'ai eu pour but que de faire voir jusqu'où l'analogie entre la plante & l'animal avoit été portée il y a longtemps.

Il n'y a point de circulation proprement dite dans les plantes: il n'y en a qu'un essai, lequel se perfectionnera d'abord dans les insectes par le moyen d'un long vaisseau qui ne sera pas un cœur, mais qui se contractera & se dilatera alternativement comme le cœur. Quelques échellons plus haut, ce vaisseau, ou grande artère, prendra une forme pyramidale; ce cœur ébauché n'ayant encore qu'une oreillette; il n'y aura aussi qu'une circulation imparfaite. Enfin ce cœur acquérant successivement deux ventricules, deux oreillettes, & un grand nombre de vaisseaux, la circulation complette aura lieu.

CHAPITRE XXXVIII.

Navet singulier représentant une femme (*Voy.* *Planche* IV. *Fig.* 1.

Le navet monstrueux, dont on donne ici la description & la figure, a été trouvé tel qu'on le voit, dans un jardin au lieu nommé *Weiden* à deux miles de Juliers, sur le chemin de Bonn. L'herbe, ou, pour mieux dire, les feuilles qui sont pour l'ordinaire au haut du navet, représentent en celui-ci des cheveux dressés en haut, & forment un panache des plus beaux & des mieux garnis que l'on puisse voir. Au dessous de ce panache, la Nature a formé une tête avec des yeux, un nez, une bouche, des levres & un menton. On y voit même le sein bien marqué, la poitrine entiere; & les racines qui se trouvent ordinairement dans cette espece de plantes, sont ici tellement disposées qu'on croit voir des bras & des pieds. Ainsi tout le navet représente une femme nue, assise sur ses pieds, à peu près à la manière des tailleurs, & ayant les bras croisés au dessous de la poitrine (*).

Je laisse aux Philosophes à expliquer, s'ils le peuvent, comment la substance de ce navet a pu prendre une forme si singulière. Pour moi j'admire les erreurs de la Nature, si l'on peut dire qu'elle se trompe quelquefois. Ses écarts sont pour nous une source d'instructions. On diroit, en contemplant cette production singulière, que la Nature voulut essayer si la forme humaine pourroit s'allier avec la substance végétale & comment elles figureroient ensemble.

Ce que je disois dans l'instant (†) de la réunion des branches & des racines pour faire des bras & des pieds, commence à se réaliser dans ce navet. La métamorphose est bien avancée. On voit qu'elle n'a pas mal réussi pour un premier essai.

CHAPITRE XXXIX.

Champignon représentant six figures humaines (Voy. Planche IV. *Fig.* 2.)

Ce champignon extraordinaire mérite de servir de pendant au navet dont on vient de parler. Il fut trouvé par un paysan en 1661, au pied d'un arbre, dans la forêt d'Altdorff. Il représente assez au naturel six figures humaines plus ou moins bien dessinées. Il y en a surtout une, dont la tête de profil fait voir un oeil, le nez, la bouche & le menton aussi exactement

(*) Voyez le Journal des Savans, année 16[illegible].
(†) Ci-devant Chapitre XXXVI.

travaillés qu'ils pourroient l'être par une main habile. Les cinq autres figures ne montrent que le dos (*).

CHAPITRE XL.

Mandragore représentant la figure d'une femme.

Ces productions étranges me font souvenir d'avoir lu quelque part qu'en 1687 on trouva, sous une potance assez près du grand chemin, une mandragore qui avoit la figure d'une femme aussi bien formée par la Nature, que si l'Art y eût travaillé; que cette mandragore fut présentée au Roi Louis XIV. qui l'acheta, & en fit graver une belle estampe, laquelle doit se trouver dans la troisième partie des *Mémoires & Estampes pour servir à l'Histoire des Plantes de Dodart* (†). La relation de cette mandragore est contenue dans une lettre d'un nommé Mr. de Jolly en date du 4 Mai 1687. c'est tout ce que j'en sais, n'ayant vu ni la relation, ni la figure de ce phénomène.

CHAPITRE XLI.

Rave ayant la forme d'une main humaine.

Cette rave ne paroîtra pas fort singulière, après ce qu'on a rapporté dans les Chapitres précédens. Elle représente une main humaine très bien formée: on voit sur le pouce la trace d'un ongle de grandeur naturelle. Les feuilles arrangées autour du poignet, composent une espece de garniture qui imite une manchette. On en peut voir la figure dans le Journal des Savans année 1679.

(*) Journal des Savans, année 1678.
(†) Paris 1701. de l'Imprimerie Royale, in fol.

CHAPITRE XLII.

Les Zoophytes, ou Plantes animales (*). *Insectes aquatiques.*

LA Nature travaille au fond des eaux des corps tendres & mollasses, d'une substance muqueuse organisée, couverte d'une peau plus ou moins délicate. Ce sont les Zoophytes, peuple nombreux & varié, par lequel elle s'éleve du regne végétal au regne animal. Nous avons dit que les amiantes & les asbestes étoient des pierres métamorphosées en plantes. Quel-

(*) On appelle de ce nom certains poissons, ou animaux aquatiques, privés de sang, qui tiennent de la plante & de l'animal : ce sont l'*Ortie de mer*, nommée en Latin *Urtica*, parce que, quand on la touche, elle brûle & pique comme les orties ; le *Poumon marin*, en Latin *Pulmo marinus*, qui a la figure de nos poumons ; l'*Holothurie*, appellé en Latin *Holothurium* ; la *Tethye*, nommée en Latin *Tethya* ou *Tethæa*, qui est une espece de coquillage & dont quelques Naturalistes comptent six différentes especes ; la *Verge marine*, en Latin *Mentula marina* ; la *Pomme de Grenade*, *Malum Granatum* ; le *Champignon marin*, en Latin *Fungus marinus* ; la *Poire marine*, *Pyrum marinum* ; l'*Aile* ou *la Plume de mer*, en Latin *Penna marina*, qui brille la nuit ; le *Raisin de mer Uva marina* ; la *Pomme folle de mer*, nommée en Latin *Malum insanum marinum* ; la *Main de mer*, *Manus marina* ; & le *Concombre marin*, en Latin *Cucumer marinus*. Voilà les especes de Zoophytes rapportées par Aldrovande & après lui par Ruysch qui l'a copié. On voit que ces poissons tirent leurs noms de leurs figures. Ces Naturalistes n'ont point parlé des diverses especes de *Polype*, parce que le Polype n'étoit pas encore connu de leur temps.

M. Linnæus (*Syst. Nat. Edit. 6. p. 72.*) divise les différentes especes de Zoophytes en plusieurs genres : savoir, sous le nom d'Amphitrite il comprend l'*Adamus marinus* ; sous celui de *Tethys*, la *Tethya* & l'*Holothurie* ; sous celui de *Nereis*, la *Scolopendre marine* ; sous celui de *Limax*, les différentes especes de *Limaces*, comme la *Limace noire* qui se trouve dans les bois, la *Limace rousse* qui se trouve dans les lieux ombragés, la *Limace cendrée d'Oelande* commune dans les lieux humides d'Oelande, une autre *petite Limace cendrée* qui se trouve dans les prés & dans les jardins parmi les plantes potageres ; une autre *Limace jaune & tachetée* qui se trouve dans les lieux ombragés & parmi les plantes,

ques Zoophytes pourroient être appellés des plantes métamorphosées en animaux.

Parmi ces plantes animalisées je vois de petits arbres touffus. Du tronc s'élevent plusieurs branches; ces branches en poussent d'autres qui se ramifient encore. Ces branches sont tout-à-la-fois des bouches, des jambes & des bras. Le polype qui les possede s'en sert à marcher, à se saisir de sa proie & à l'avaler. L'intérieur ne montre à l'observateur que des vaisseaux séveux, des utricules & des trachées, comme dans les plantes; je puis bien dire *des vaisseaux séveux*, puisqu'une caractéristique de cette espece d'animaux, est de n'avoir point de sang.

Les Zoophytes branchus ou rameux sont les plus nombreux. On en connoît cependant d'autres especes dans qui la Nature a supprimé les extrémités. Elle leur a donné, en revanche, une organisation intérieure, un peu plus avancée vers celle des grands animaux. Les vers d'eau douce, par exemple, dont le corps est formé d'une suite d'anneaux, ont, je ne dis pas un cœur, mais un très grand nombre de petits cœurs, mis bout-à-bout, dont chacun a son mouvement alternatif de dilatation & de contraction pour recevoir le fluide & le chasser de l'un à l'autre, & de plus un bel assortiment de vaisseaux & de veines. Au dessous de cette continuité de pe-

---

Le savant Naturaliste Suédois comprend sous le nom de *Lernæa*, le *Lièvre marin*, un petit insecte de mer qui suce le sang, & un petit poisson blanc, qui se trouve dans les lacs bourbeux de Suede, où il est appellé *Ruda*. Ce poisson nommé par M. Linnæus (*Fauna Suec. p. 128. n. 322.*) *Cyprinus pinna ani ossiculorum viginti, lineâ laterali rectâ*, est le *Charax* de Gesner, le *Cyprinus latus alius* des autres Naturalistes, & le *Carassius* de Ray. Les autres Zoophytes, selon M. Linnæus, connus sous différens noms, sont ceux qui suivent: il comprend sous le nom d'*Hydra*, l'*Hydre* nommée vulgairement *Polype*; sous celui de *Sepia*, la *Seche* & le *Cornet*; sous celui de *Triton*, le *Triton*; sous celui de *Salacia* la *Physpalus*; sous celui d'*Aphrodita*, ou *Mus marinus*, l'*Aphrodite*, espece de chenille de mer; sous celui de *Medusa*, l'*Ortie de mer*, le *Poumon marin*, l'*Ortie chevelue*, & l'*Ortie Astrophyte*; sous celui d'*Asterias*, les différentes especes d'*Etoiles de*

tits cœurs eſt un conduit inteſtinal dont les portions d'un diamétre inégal font les fonctions de l'æſophage, de l'eſtomac & des inteſtins.

Avant que de ſuivre plus loin la progreſſion des formes organiques, arrêtons nous un moment à contempler l'extérieur de quelques Zoophytes. Nous y verrons de nouveaux modéles des mains, des poumons, des reins & des parties ſexuelles de l'homme. La Nature a ſemé les formes humaines le long de l'échelle des Etres: nous en trouvons quelques-unes preſque à chaque degré.

---

mer, & la *Comete marine*; & ſous celui d'*Echinus*, toutes les différentes eſpeces d'*Ourſins de mer*.

M. Donati (dans ſon *Hiſtoire Naturelle de la Mer Adriatique* p. 54.) diviſe la claſſe des Zoophytes en deux légions particulieres. La premiere contient les *Zoophytes immobiles*; ce ſont ceux qui ne peuvent pas ſe tranſporter d'eux-mêmes d'un lieu à un autre. Cette légion eſt diviſée en trois centuries: la premiére comprend les Zoophytes dont la ſubſtance eſt entiérement charnue: la ſeconde centurie embraſſe les Zoophytes qui ſont compoſés de deux ſubſtances dont l'une eſt molle & charnue, & l'autre ferme & tendineuſe: la troiſiéme centurie eſt pour les Zoophytes qui ſont charnus & oſſeux. La ſeconde légion contient les *Zoophytes mobiles* ou qui ont la faculté de ſe mouvoir & de ſe tranſporter d'un Lieu à un autre. *Dictionnaire des Animaux*.

On découvre tous les jours de nouveaux Zoophytes.

QUATRIEME PARTIE.

CHAPITRE XLIII.

De quelques formes du corps humain ébauchées dans les Zoophytes.

La Main de mer.

M*anus marina*, la Main de mer ou de larron est un Zoophyte mou & rameux qui a la figure d'une main, non pas aussi ressemblante que la rave du Chapitre XLI, assez néanmoins pour lui en avoir fait donner le nom par les Naturalistes. C'est l'Alcyonium rameux, mou, dont les ramifications sont en forme de doigts, & qui est entiérement étoilé.

Alcyonium ramosô-digitatum, molle, asteriscis undique ornatum.

CHAPITRE XLIV.

Le Poumon marin.

Un autre zoophyte couvert d'un cuir dur est appellé poumon marin, parce qu'il ressemble au poumon humain, tant par sa forme extérieure que par sa structure interne. *Pulmo marinus dicitur ita vel à pulmonum nostrorum figurâ, vel ab eorumdem substantiâ laxâ & molli, foraminulis plenâ* (*).

CHA-

(*) Ruysch. De Exanguibus aquaticis Lib. IV. De Zoophytis seu Plant-animalibus Cap. II.

CHAPITRE XLV.

Le Rein de mer.

Ce zoophyte, connu depuis peu de temps, a la forme d'un rein comprimé. Voyez en la figure & la description dans le Livre cité au bas de la page (*).

CHAPITRE XLVI.

Des Holothuries ou Verges marines; en Latin Holothurium.

Il y a plusieurs especes de verges marines qui ont plus ou moins de ressemblance avec le membre viril: ce qui leur a fait donner, par les Auteurs Grecs le nom de βοραι, *Genitura.*

1. *Première espece.* Mentula marina.

La première espece ressemble presque au pistile d'une fleur: car on y voit comme une petule & un calice qui sortent de sa partie supérieure. Elle n'est pas aussi belle que la suivante. Elle a pourtant mérité d'être appellée *mentula marina.*

2. *Seconde espece.* Epipetrum.

La partie antérieure de celle-ci ressemble parfaitement à l'extrémité du gland de la verge découvert. On y voit l'ouverture du conduit de l'Urethre, qui est la bouche & en même temps l'anus de l'animal. Sa substance est tendre, molle & polie à cette extrémité, mais ridée sur tout le reste du corps dont l'au-

(*) De la Nature, Tom. IV. Planche IV. Fig. 8.

tre bout se termine en cône obtus. Cette verge marine est connue des Naturalistes sous le nom d'*epipetrum*. On en voit la figure dans le grand Ouvrage de Seba qui en avoit l'original dans son cabinet (*).

3. *Troisiéme espece.* Mentula alata.

Il y en a une troisiéme espece, sorte de panache de mer, dont la partie supérieure est garnie d'un rang de plumes de chaque côté, qui sont les bouches ou suçoirs de ce zoophyte; & dont le bout nud, lisse, mollasse & percé d'un trou à l'extrémité, montre quelque conformité avec le membre viril; ce qui lui a fait donner le nom de *mentula alata piscatorum*.

CHAPITRE XII.

Champignon marin dont la partie supérieure représente la vulve d'une femme.

LA même classe des animaux marins qui nous a donné la représentation d'une verge, nous offre ici celle de la vulve d'une femme. Ce zoophyte est une sorte de Champignon de mer: du moins voici comme les Auteurs le nomment & le caractérisent.

Fungus, pileolo lato orbiculari, candicans, marinus, superna parte veram vulvæ muliebris formam gerens (†).

Ceux qui trouveront cette ébauche un peu grossière, doivent se souvenir que c'est la seconde seulement, qu'elle est déja plus ressemblante que la premiére dont nous avons fait mention, & que la mer nous en fournira une troisiéme plus parfaite, dans les coquillages (§).

(*) On retrouve la même figure dans le Livre de la Note précédente, Planche VI. fig. 1.

(†) Voyez en la figure dans le Livre intitulé *de la Nature*, Tome IV. Planche VI. fig. 2.

(§) Nous en parlerons bientôt. Chap. LI.

CINQUIEME PARTIE.

CHAPITRE XLVIII.

Des Insectes terrestres.

Les zoophytes, qui sont des insectes aquatiques, nous conduisent aux insectes terrestres. Le passage des uns aux autres est marqué par le rapport des vers d'eau douce aux vers de terre.

Quand on entre dans ce qu'on appelle l'empire des animaux, on se croit transplanté dans un nouveau monde. On se trompe; c'est le même regne qui prend d'autres formes: c'est le même plan d'être avec des variations différentes. Ces différences qui paroissent si grandes lorsqu'on les considère dans des dégrés éloignés, sont à peine sensibles dans les points de contact.

Le monde animal à des habitans branchus & enracinés dont les viscères ne different de ceux des plantes, qu'autant qu'il faut pour n'en être pas la répetition, & qui ont l'admirable propriété végétale de multiplier de bouture ou par rejettons, de pouvoir être greffés, enfin de se redonner les parties, qu'on leur ôte. Soit qu'ils n'aient que des vaisseaux séveux, des utricules & des trachées à la manière des végétaux, soit que l'Etre en s'élevant ait changé cette simplicité de viscéres en une organisation un peu plus composée, en leur donnant un cordon de petits cœurs, & un sac membraneux en forme d'estomac; soit qu'ils aient des membres ou qu'ils n'en aient point, les organes essentiels à la vie y sont si multipliés & tellement répandus dans toute l'habitude de leur corps qu'ils ont autant de cœurs, d'estomacs & de vésicules pulmonaires qu'il y a de points dans leur substance;

desorte que chaque portion étant un abrégé du tout, ils conservent, sous l'une & l'autre forme, cette faculté de se reproduire par leurs parties coupées, & de se réintégrer, de quelque manière qu'on les mutile. Les polypes, les orties & les étoiles de mer, les vers apodes & les mille-pieds, les tænia & les vers de terre, & beaucoup d'autres jouissent de cet avantage.

En comparant en général l'intérieur des insectes à celui des plantes, on reconnoît que la moëlle spinale, ce tronc principal des nerfs, avec ses nœuds, est une métamorphose de la moëlle végétale: que la longue artère qui se contracte & se dilate, avec ses veines & vaisseaux a remplacé les vases propres & les autres vaisseaux séveux & leurs ramifications; que le sac intestinal est une réunion des utricules en un seul boyau. La sève n'est pas encore changée en sang. Quant aux trachées, elles se trouvent parfaitement semblables dans les insectes & les plantes, avec même structure, même usage & même distribution: car les insectes ont aussi leurs poumons à l'extérieur, soit à la tête, sur le corcelet, le long des côtés, à la partie postérieure, ou même au bout d'une corne. Ce sont les stigmates, ouvertures externes qui repondent à autant de troncs ou de paquets de trachées (*).

L'écorce, tantôt unie & tantôt raboteuse, est devenue un cuir dur, ou une enveloppe écailleuse qui recouvre certains insectes entiérement ou en partie. La tige garnie de nœuds représente assez bien le corps cylindrique des vers formé d'une continuité d'anneaux. Ce cylindre divisé en trois parties inégales par deux

(*) Les stigmates sont des ouvertures en forme de bouche, que l'on voit à l'extérieur des insectes. Ce sont leurs poumons ou organes de la respiration, comme les ouvertures extérieures des trachées dans les plantes. Un caractère essentiel des insectes est qu'ils ne respirent pas l'air par la bouche, mais qu'ils le pompent & l'exhalent par les stigmates dont nous parlons. La différence n'est que dans le nombre & la place. Les mouches les ont sur le corcelet & les anneaux; le vers à soie & les autres insectes de son espece en ont dix-huit le long des côtés du corps;

étranglemens, donne la tête le corcelet & le ventre.

Les formes ſaillantes ne ſont guère plus altérées. La métamorphoſe des racines en pieds plus ou moins nombreux (*) eſt ſenſible. Le pied du limaçon eſt un paquet de racines muſculaires. Suppoſez les raccourcies & diſtribuées par paires ſous le corps de l'animal dans la longueur, vous aurez un polypode. Le nombre des pieds diminuera; ils changeront de figure, & en paſſant par ces mutations diverſes ils prendront des crochets, des pinces, une corne, puis des ongles.

Voyez les chenilles épineuſes, dont il y a tant d'eſpeces. Elles ſont chargées d'une forêt de branches en forme de buiſſons. Voilà des Etres d'une nature ſingulière: des buiſſons ambulans. De véritables pieds ſervent de racines à des arbriſſeaux, dont le tronc eſt le corps d'un animal.

Les ailes ſont les feuilles des Inſectes; ils en ont deux ou quatre, mais elles ſont ordinairement très grandes relativement au volume de leur corps, deſorte que la grandeur compenſe le nombre.

On remarque à l'extrémité antérieure des vers, une petite ouverture circulaire; c'eſt le premier rudiment d'une tête qui commence par la bouche. Elle ſe garnit ſucceſſivement de petites ſcies, d'une trompe, d'un aiguillon. Ces pièces préparent & annoncent le bec des oiſeaux & les machoires des grands animaux.

Les yeux entrent comme partie eſſentielle dans les nouvelles variations du prototype: ils y ſont même

---

d'autres en ont juſqu'à vingt. Il y a des vers qui portent leurs poumons au bout d'une corne. Ces ſtigmates ſe prolongent & ſe ramifient en dedans du corps en une infinité de petits canaux formés de fibres ſpirales ou trachées qui portent l'air dans toutes les parties de l'économie animale; cet air reſſort enſuite par les pores de la peau, comme dans les plantes.

(*) Les Inſectes ont ſix, huit, quatorze pieds & davantage. Quelques-uns en ont un ſi grand nombre qu'on les appelle *cent-pieds*, & *mille-pieds*.

prodigieusement multipliés (*). Ils composent une petite masse demi-sphérique sur chaque côté de la tête. On s'étonne qu'avec deux yeux nous voyions les objets simples. Cette simplicité de la vision est bien plus étrange dans les insectes qui ont des milliers d'yeux. Ici la Nature se joue du principe de la moindre action, en multipliant les moyens pour un seul & même effet. Quelque chose de plus remarquable encore c'est le soin qu'elle a pris de couvrir ces yeux de poils destinés, comme les cils des nôtres, à détourner une trop grande quantité de rayons de lumière, qui nuiroient à la vue en causant un éblouissement. Cet organe est presque parfait dès la première ébauche. Il ne lui manque que de la mobilité.

Si les yeux des insectes ne sont pas mobiles, leur tête l'est à un tel point dans plusieurs especes, que la forme n'en est pas constante, puisque l'animal peut l'allonger & la raccourcir, la resserrer & l'enfler; en

(*) Les plus grands observateurs microscopiques n'ont pas manqué d'étudier la structure singulière de ces yeux. Ceux des mouches, des scarabées, des papillons & de divers autres insectes, ne different en rien d'essentiel. Ces yeux sont tous à peu près des portions de sphère, leur enveloppe extérieure peut être regardée comme la cornée. Elle a une sorte de luisant qui fait voir souvent des couleurs aussi variées que celles de l'arc-en-ciel. Elle paroît, à la simple vue, unie comme une glace, mais lorsqu'on la regarde à la loupe, elle paroît taillée à facettes comme des diamans; ces facettes sont disposées avec une régularité admirables, & dans un nombre prodigieux. Leuwenhoek a calculé qu'il y en avoit 3181 sur une seule cornée d'un scarabée, & qu'il y en avoit plus de 800 sur chacune de celles d'une mouche. Ce qu'il y a de plus merveilleux, c'est que toutes *ces facettes* sont vraisemblablement autant d'yeux; de sorte qu'au lieu de deux yeux que quelques-uns ont peine à accorder aux papillons, nous devons leur en reconnoître sur les deux cornées 34650, aux mouches 1600, & aux autres plus ou moins, mais toujours dans un *nombre aussi surprenant*. Le même Naturaliste a poussé l'art de l'anatomie de ces petits animaux, jusqu'à faire voir que chaque facette est un crystallin, que chaque crystallin a tout ce qui faut pour faire un œil complet, & surtout que chacun a son nerf optique.

Malgré ces milliers d'yeux qui composent les deux orbites, la plûpart des mouches en ont encore trois autres, placés en triangle sur la tête, entre le crâne & le cou. Ces trois yeux qui sont

un mot la faire disparoître & reparoître à son gré. Ces insectes, acephales, quand ils veulent, seroient-ils des modeles de ces hommes sans tête dont parlent plusieurs Auteurs Grecs (*).

Les organes de la génération, cachés & peut-être supprimés dans certains Zoophytes, se remontrent dans les insectes terrestres avec tant de faste que plusieurs réunissent les deux sexes. Nous avons vu que les plantes avoient aussi leurs hermaphrodites.

CHAPITRE XLIX.

Les Coquillages.

Les insectes à écailles sont voisins des insectes à coquilles. Les testacées ne sont, aux yeux de plusieurs

---

aussi des crystallins, ne sont point à facettes, mais lisses & ressemblants à des points. Ces différentes grosseurs des yeux dans le même insecte, les différentes places accordées aux uns & aux autres, font présumer avec quelque vraisemblance, que la Nature a favorisé les insectes d'yeux propres à voir les objets qui sont près d'eux, & d'autres pour voir les objets éloignés; qu'elle a, pour ainsi dire, pourvus de microscopes & de télescopes. *Dictionnaire d'Histoire Naturelle*, au mot *Insecte*.

(*) Cependant, ces hommes acephales pourroient bien être des hommes fabuleux. Aule-Gelle, qui en parle d'après plusieurs Auteurs Grecs, ne paroît pas fort convaincu de leur existence. Pline (*Hist. Nat. Lib. V. Cap. VIII.*) dit que l'on croyoit communément que les Blemyes n'avoient point de tête, & qu'ils avoient les yeux, & la bouche attachés à l'estomac; mais il ne se rend pas garant de cette opinion. Vopiscus, en décrivant le triomphe d'Aurelien, met des Blemyes au nombre des captifs qui suivoient le char; il dit que Probus subjugua cette Nation, & que le Peuple Romain regarda avec étonnement des hommes sans tête. Le témoignage de Vopiscus n'est pas suffisant pour accréditer un phénomène si étrange. L'Auteur du 37me. Sermon aux Frères du desert, raconte qu'étant allé prêcher en Ethiopie, il y vit des hommes & des femmes qui n'avoient point de tête; & qui avoient les yeux à l'estomac. De Laet parle de certains hommes qui ont le cou extrêmement court & la tête enfoncée entre les épaules. *Historia Medica de Acephalis. Autore Marco Mappo. M. D. Professore & Archiatro Argentinensi.*

Naturalistes, que des vers de mer, de rivière, ou de terre, logés dans des coquilles univalves, bivalves, ou multivalves (*).

Si la matière des écailles d'un scarabée venoit à surabonder, toutes les pièces s'uniroient pour former une seule tale dans laquelle l'animal seroit obligé de se resserrer, & vous auriez un limaçon. Les mouvemens qu'il se donneroit en se roulant sur lui-même, tourneroient sa coquille en spirale : ses pieds dépouillés de leur enveloppe écailleuse réunie à la coque, deviendroient un ou plusieurs muscles par où il y adhéreroit. Les antennes se changeroient en cornes au bout desquelles seroient placés les yeux. Il conserveroit quelques trachées avec leurs stigmates : les autres commenceroient à se transformer en quatre petites ouies, &c.

J'explique dans un Etre particulier comment a pu se faire la métamorphose du type Général.

CHAPITRE L.

Buccin appellé Oreille de mer. Auris marina.

On connoît le buccin appellé *Oreille*, parce qu'il en a la forme. Il a été décrit par Lister, Rumphius & d'autres ; mais les figures qu'ils en ont données m'ont paru au dessous du Naturel ; ce qui m'a engagé à en faire graver une autre d'après l'original conservé dans un des plus beaux Coquillers que l'on puisse voir (†). *Voyez Planche II. Fig.* 3.

(*) Mr. Linnæus les met dans la classe des vers.
(†) Celui de Mrs.

CHAPITRE LI.

Conque de Venus. Concha Venerea (*Planche II, Fig. 4.*)

C'EST le nom que l'on donne à une coquille bivalve de la famille des cames. Elle est presque ovale, voutée, sillonnée tout autour par des lignes parallèles. Le devant de la coquille représente la vulve d'une femme, d'une maniere beaucoup plus parfaite que les autres modeles rapportés ci-dessus (*). Cette partie est d'un beau rouge. Les levres semblent un peu écartées & l'on croit voir quelques apparences du clitoris & des nymphes. Elle est garnie tout autour de piquans plus ou moins forts & un peu recourbés. En suivant l'analogie de la représentation, on les prendroit pour des pinceaux de poils ainsi arrangés.

On ne doit pas être surpris de l'attention de la Nature à multiplier les modeles des parties de la génération, vu l'importance de ces parties. Nous ne sommes encore qu'aux petits animaux, & déja elle a essayé toutes les manieres de reproduction que nous connoissons. Par une magnificence admirable, elle en a réuni plusieurs dans un même individu. Le Polype est un prodige à cet égard. L'hermaphrodisme de certains coquillages est peut-être aussi singulier.

CHAPITRE LII.

De l'Hermaphrodisme de quelques Coquillages.

DANS quelques coquillages, le sexe est distingué;

(*) Chap. XX. & XLVII.

il y a des individus mâles & des individus femelles. Dans d'autres, les deux sexes sont réunis ; tous les individus sont hermaphrodites.

On peut, suivant les curieuses observations de Mr. Adanson que je vais copier, distinguer trois sortes d'hermaphrodisme dans les coquillages. 1. Celui auquel on n'apperçoit aucune des parties de la génération, particulier aux conques. 2. Celui qui, réunissant en lui les deux especes des parties sexuelles, ne peut se suffire à lui-même, mais a besoin du concours de deux individus qui se fécondent réciproquement & en même temps, l'un servant de mâle à l'autre, pendant qu'il fait à son égard les fonctions de femelle : cet hermaphrodisme se voit dans les limaçons terrestres. 3. Celui qui, possédant les deux especes de parties génitales, a besoin de la jonction de deux individus, mais qui ne peuvent se féconder en même temps, à cause de l'éloignement de leurs organes. Cette situation desavantageuse les oblige de monter les uns sur les autres pendant l'accouplement. Si un individu fait à l'égard de l'autre la fonction de mâle ; ce mâle ne peut être en même temps fécondé par sa femelle, quoique hermaphrodite ; il ne le peut être que par un troisième individu qui se met sur lui vers les côtés en qualité de mâle. C'est pour cette raison que l'on voit souvent un grand nombre de ces animaux accouplés en chapelet les uns à la queue des autres. Le seul avantage que cette espece d'hermaphrodisme ait sur les limaçons dont le sexe est partagé, c'est de pouvoir féconder, comme mâle, un second individu, & être fécondé en même temps, comme femelle, par un troisième individu. Il ne leur manqueroit plus, selon les reflexions de Mr. Adanson, pour réunir toutes les especes d'hermaphrodismes, que de pouvoir se féconder eux-mêmes, & être en même temps le père & la mère d'un animal. La chose, ainsi que l'observe ce savant Académicien, n'est pas impossible, puisque plusieurs sont pourvus des deux organes nécessaires ; & peut-être quelque observateur y découvrira-t-il un

Jour cette sorte de génération qui ne doit pas nous paroître plus étrange que celle des conques, des polypes, & de tant d'autres animaux semblables qui se reproduisent sans accouplement sensible, & sans aucun des organes requis dans les autres animaux pour opérer la génération. Dans les limaçons, dont le sexe est partagé, l'ouverture de l'organe est placée sur la droite de l'animal. Dans les hermaphrodites de la seconde espece, les parties masculines & les parties féminines sont unies ensemble: elles ont une ouverture commune qui se trouve sur le côté droit, à l'origine des cornes. Dans les hermaphrodites de la troisième espece, chaque organe a son ouverture distinguée: l'une à l'origine des cornes, & l'autre beaucoup au dessous.

Il y a des plantes dont les parties masculines naissent & croissent naturellement insérées dans les parties féminines. Voilà l'espece d'hermaphrodisme, qui manque aux coquillages, réalisée dans d'autres Etres. Mais ces différens hermaphrodismes, qui ont si bien réussi dans les degrés de l'échelle que nous avons parcourus jusques-ici, la Nature les tentera en vain dans les échellons supérieurs, comme nous le verrons dans la suite.

SIXIEME PARTIE,

CHAPITRE LIII.

Passage des Animaux Testacés aux Crustacés.

Le Cancre nommé vulgairement. Le Soldat ou Bernard l'Hermite. Cancellus macrourus, cauda molli testa cochleæ inclusa, chela dextra majore. Linn. Syst. Nat.

Aux testacés succedent les crustacés qui sont, comme eux, des insectes marins ou fluviatiles (*). Le coquille pierreuse des premiers est attenuée & ramollie pour former aux seconds une enveloppe un peu moins dure. L'animal a poussé des pieds & des bras incrustés comme le reste du corps. De là les cancres, les écrevisses, les cloportes de mer, &c.

Ce passage est marqué par l'espece de cancre ou d'écrevisse qu'on nomme *le Soldat* ou *Bernard l'hermite.* On le prendroit pour une écrevisse dans une coquille de limaçon ou pour un limaçon qui a la tête, les pattes & les bras d'une écrevisse. Cet animal, au corps naturellement nud, a l'instinct de se loger dans la première coquille en spirale qu'il trouve vuide Est-ce par un souvenir de son état précédent? Vient-il revandiquer son ancienne dépouille, comme si c'étoit un limaçon à moitié, métamorphosé? Cet instinct nous indique toûjours combien les crustacés sont près des testacés.

Les uns & les autres sont privés de sang, comme

(*) Mr. Linnæus les range parmi les insectes aptères, c'est-à-dire sans ailes.

les insectes de terre; mais la tête, si mobile dans les insectes, n'a aucun mouvement particulier dans les crustacés, tenant immédiatement au corps. Ils ont la propriété de se redonner les membres qu'ils perdent par quelque accident que ce soit.

On commence à appercevoir une différence sensible entre les jambes antérieures, ou bras, & les jambes de derrière. On sait que l'on appelle bras dans les écrevisses les deux grosses pattes ou pinces. C'est par le moyen de ces bras que le Soldat se cramponne sur le sable ou aux corps voisins, & en repliant son corps, il fait avancer sa coquille à la rampe de laquelle il se tient entortillé. Ce mouvement & la manière dont il s'exécute sont très analogues au mouvement progressif de la moule de rivière. Les bras du soldat lui servent encore à saisir les petits poissons & les insectes dont il fait sa nourriture. Du reste il est si neuf sous cette forme d'écrevisse imparfaite, qu'il semble ignorer l'usage de ses pieds.

L'animal crustacé adhere à son enveloppe, comme l'insecte à son écaille, par un grand nombre de muscles répandus sur toute la surface interne, au lieu que l'animal testacé n'est attaché à sa coquille que par un, deux, ou quatre muscles au plus.

Les écailles, les coquilles, les croutes sont les os de ces animaux. Les coquilles ont un périoste qui les recouvre extérieurement & sert à leur conservation & à leur accroissement. Elles naissent & croissent avec l'insecte: elles sont partie de lui-même: elles sont avec lui le produit d'un même germe. Elles font aussi la fonction des os qui est de servir de base & de soutien aux parties molles. Les insectes marins & terrestres ont donc des os à l'extérieur, comme les autres animaux en ont à l'intérieur. Dans les uns ils sont recouverts de muscles & de chairs; dans les autres, ils recouvrent les muscles & les chairs.

Que veulent dire ces côtes dessinées sur quelques coquilles, & travaillées en relief sur d'autres? Et ces longs piquans inégaux qui s'élevent sur certaines conques, les ourſins & les araignées de mer, &c. que ſignifient ils? Seroient-ce les premiers traits du ſquelette des animaux qui vont ſuivre?

CHAPITRE LIV.

Les Serpens.

Les tuniques tendres & fragiles des cruſtacés préparent les écailles encore plus tendres des ſerpens. La propriété de changer tous les ans d'enveloppe, laquelle eſt commune aux ſerpens & aux cruſtacés, à l'excluſion de preſque tous les autres animaux, marque leur proximité dans l'échelle univerſelle des Etres. Les ſerpens ne ſont-ils pas des cruſtacés?

Entrez dans un cabinet d'Hiſtoire Naturelle. Conſidérez attentivement la claſſe des inſectes cruſtacés. Vous verrez les extrémités énormes de quelques eſpeces diminuer graduellement dans les eſpeces ſuivantes, ſe reſſerrer & rentrer pour ainſi dire dans le corps, juſqu'à s'effacer preſque entiérement dans certains individus. Aldrovande & Ruyſch nous donnent les figures de quelques cruſtacés qu'ils mettent parmi les ſquilles dont ils leur donnent le nom, & qui n'ont ni cornes, ni pieds, ni aucunes parties ſaillantes. Le corps eſt fort long à proportion de ſa groſſeur. La diſtinction de la queue d'avec la partie inférieure du corps, eſt peu ſenſible; celle de la tête d'avec la partie ſupérieure du corps, l'eſt un peu davantage. Ce ſont comme des ſerpens ſous des croutes de ſquilles.

Tandis que l'intérieur de l'animal ſubit différentes altérations, la ſubſtance oſſeuſe des croutes pénétre en dedans du corps où elle s'arrange ſous une nouvelle forme qui n'eſt pas tout-à-fait étrangère à celle qu'elle quitte. Le caſque & les cornes ſont employés à compoſer les os de la tête, le crane, les mâchoires, &c. La cuiraſſe & les tablettes de la queue ſe roulent ſuivant leur longueur, se divisent & se façonnent en un très grand nombre de vertèbres attachées bout à bout. Les fourreaux des pattes rentrés dans le corps vont s'unir aux vertèbres dorsales, & deviennent des côtes. Les croutes ainsi converties en os ne laissent plus à l'extérieur, pour couvrir l'animal, que des lames de substance cornée, restes de leur première forme.

Si mon plan ne me bornoit pas à des vues générales, j'entrerois ici dans l'énumeration des différens rapports du squelette d'un serpent avec le squelette humain, qui prouvent combien ce modele en est déja avancé. Il me suffit d'y faire observer une épine formée d'une suite de piéces emboîtées les unes dans les autres, ces piéces percées de trous pour loger la moëlle, des arcs osseux attachés vers la partie superieure, & faisant une caisse destinée à contenir les viscères. Ce fond de structure subsistera desormais dans toutes les variations ultérieures, se perfectionnera à chaque degré, & recevra, dans l'homme, sa forme la plus élégante.

CHAPITRE LV.

Serpent des Indes Orientales, appellé par les Portugais Cobra de Capello, *portant sur le dos un masque ou une figure humaine.*

SEBA (*) donne la figure & la description d'un Serpent des Indes Orientales qu'il conservoit dans son cabinet si riche en curiosités naturelles, lequel porte sur le dos une espece de masque ou de figure humaine avec un nez, une bouche & des yeux, & pour que le front & le menton y soient indiqués, cette partie plus large en-haut qu'en-bas, semble imiter un ovale imparfait.

(*) Thes. Rerum Nat. Tom. II. p. 71. Tab. XLIV. Fig. 1.

Les Portugais donnent à ce serpent le nom de *Cobra do Capello;* & Seba le met au nombre des serpens à lunettes, ce qui me fait croire que les lunettes, dont on charge le dos de tous les serpens ainsi nommés, sont des figures humaines commencées, où il n'y a encore que le nez & les yeux de marqués.

CHAPITRE LVI.

Réflexions sur les animaux qui n'ont point de membres, & sur leur distribution dans l'échelle des Etres.

On a dû remarquer dans la progression des Etres, telle que nous avons pu la saisir & la représenter, que la Nature, toutes les fois qu'elle veut donner une forme neuve aux extrémités, elle commence par les supprimer peu à peu, & que, quand elle est parvenue à les faire évanouir, elle produit quelques Etres intermédiaires qui n'en ont point. Aux plantes garnies de racines & de branches succedent les vers de terre & d'eau qui n'ont point de membres; suivent les insectes avec des pieds & des ailes assez différens des racines & des branches qu'ils remplacent. Les pieds disparoissent dans la famille des conques pour se reproduire avec un autre appareil dans les cancres. Les voici effacés de nouveau dans les serpens, parce qu'ils doivent prendre la figure de nageoires dans les poissons. Si l'on cherche la raison de ce phénomène, on le trouvera peut-être en observant ce qui se passe sous nos yeux dans la métamorphose des chenilles. La différence est grande de l'extérieur d'une chenille à celui d'un papillon. Dans l'animal qui rampe, le corps est continu; dans l'insecte qui vole, le corps est composé de segmens. Le premier a un grand nombre de jambes courtes, des mâchoires, une filière; le second a de longues pattes, des ailes, une trompe. Aussi faut-il, pour la transformation de ces parties, que

que le petit animal passe par un état mitoyen où il soit privé des unes & des autres: état qui est véritablement le milieu dans lequel la Nature opère la métamorphose. L'insecte devient chrysalide en se défaisant de sa peau, de ses jambes, de sa filière, sans parler des parties internes; & il ne sort de cet état que, lorsqu'ayant perdu les organes de son premier corps, il a acquis ceux du nouveau.

Pour comparer ce changement d'un individu particulier à la métamorphose continuelle de l'Etre universel, on dira qu'un ver, une conque, un serpent, sont comme autant de Chrysalides du prototype qui passe de l'état de plante à celui de scarabée, de l'état de scarabée à celui de crustacé, & de l'état de crustacé à celui de poisson.

La comparaison est fort imparfaite. La chrysalide ordinaire est dans une inaction totale, ou peu s'en faut; elle ne prend aucun aliment; l'animal souffre une espece de long sommeil léthargique au sortir duquel il se trouve tout différent de lui-même. Un ver, une conque, un serpent ne sont rien moins que des animaux endormis ou léthargiques: ils se nourrissent, ils croissent, ils produisent leurs semblables. C'est que les métamorphoses du prototype ne se font point dans les individus particuliers, mais seulement dans leur modèle universel dont ils sont des réalisations toutes transformées; de sorte que cet état d'engourdissement, où les facultés de l'animal semblent enchaînées, n'est point nécessaire pour revêtir le prototype de nouvelles enveloppes.

Cette différence & les autres que je n'assigne pas, n'empêchent point que la chrysalide d'une chenille qui se change en papillon, n'ait quelque analogie avec les reptiles apodes & sans membres, semés de distance en distance sur la chaîne des Etres, entre les changemens les plus notables des formes saillantes.

SEPTIEME PARTIE.

CHAPITRE LVII.

Les Poissons. L'Ophidion.

Il y a des poissons que leur ressemblance avec les serpens a fait nommer serpens marins. Tels sont les congres & les murènes. On y voit la naissance des nageoires dans les deux petits ailerons, placés au dessous des mâchoires ou plus bas, & dans la bande cartilagineuse ou molle, prolongée uniformément le long du dos, & qui, dans certaines especes, entoure la queue & remonte fort haut sous le ventre. On conçoit que cette nageoire continue peut se diviser, & les portions diverses se placer par paires, ou isolées, sur les flancs, sur le dos ou sous le ventre, se prolonger ou se raccourcir, être molles, ou se garnir de rayons cartilagineux, osseux, épineux.

L'Ophidion de Pline & d'autres Naturalistes conserve la nageoire étroite des murènes; mais il a le corps plus ramassé, applatti & s'élargissant depuis la queue jusqu'au ventre, se resserrant un peu vers la tête qui n'est plus celle d'un serpent, mais d'un poisson parfait.

(*) „ Quelques personnes prétendent que les poissons rampent „ & serpentent, se fondant sur la force de ces mots hébreux „ *Schäres* & *Ramas* qui signifient *Reptile* & *Serpent*. On lit dans „ la Genese I. 20. *Que les eaux produisent en abondance* (à la „ lettre, *fassent ramper*) *des animaux vivans qui rampent*. Et au „ vs. 21. *Dieu créa les grands poissons & tous les animaux vivans* „ *qui rampent* (en Hébreu *Haromeseth*) *que les eaux firent ramper selon leurs genres*.

„ St. Ambroise Haxam. Lib. V. se'xprime ainsi: „ Tout ce qui „ nage tient de l'espece & de la nature du reptile: car, quoiqu'en

Les poissons ont pour la plûpart des écailles qui ne diffèrent pas beaucoup de celles des serpens. L'action de nager a tant de rapport avec l'action de ramper, que des Auteurs, selon l'observation de Mr. Klein (*), soutiennent que les poissons rampent plûtôt qu'ils ne nagent.

CHAPITRE LVIII.

Poissons anthropomorphes.

Carpe à figure humaine. Cyprinus Anthropomorphus (*Planche* V. *Fig.* 1.).

VOICI une production des plus singulières & dont la réalité est constatée par des autorités respectables. C'est un poisson qui, par les nageoires, la queue, les écailles & toute la partie inférieure du corps, ressemble parfaitement à une carpe, & dont la tête ronde porte une face humaine où l'on distingue les yeux, le nez, la bouche, le menton: seulement les yeux paroissent être plûtôt ceux d'un animal que d'un homme.

Rondelet parle d'une carpe semblable vivante, apportée sur le marché public de Lyon où elle fut vue de tout le peuple.

Gesner assure en avoir vu une pareille, prise en 1554. dans l'étang de Nozeret, que Gilbert Cousin a-

„ plongeant il paroisse fendre l'eau, cependant en remontant il „ rampe sur différentes surfaces d'eau: les Amphibies même qui „ ont des pieds & qui marchent sur terre, ne marchent point, „ mais nagent, lorsqu'ils sont en pleine eau, & leurs pieds ne „ leur servent point alors à faire des pas, mais ce sont autant „ de rames dont ils s'aident pour ramper." Ces Auteurs pensent donc que c'est parler plus juste de dire que les poissons rampent, que de dire qu'ils nagent. „ *Doutes ou Observations de* „ *Mr. Klein sur la revue des animaux &c.*".

cheta & lui envoya après l'avoir gardée neuf jours vivante dans un vivier.

A l'occasion de cette carpe extraordinaire, le même Naturaliste rapporte sur le témoignage d'un medecin & d'un Jurisconsulte, que l'on prit en 1545. dans le lac de Constance, un carpe à figure humaine dont il donne la description en ces termes, telle qu'on la lui envoya avec la figure. *Faciem non aversam, prout reliqui, vel obtusam, sed repressam, ab aliquo in planum aspectu tendente, cum temporibus utrinque latis, oculis binis, ore, mandibula, omnia effigie humana habuit. Pinnis, squameis, cauda, toto corpore posteriore, ipsaque adeo magnitudine atque colore carpam præ se tulit.*

L'année suivante, c'est-à-dire en 1546. dit encore Gesner, on présenta une carpe de la même espece à l'Empereur Charles V. à Ausbourg, comme une merveille digne d'un Empereur (*).

CHAPITRE LIX.

Poisson d'Amboine fort rare, nommé Anac Anac laoet jung terbongkoes, *c'est-à-dire l'Enfant de mer emmailloté* (Planche V. Fig. 2.).

CE poisson a véritablement la figure d'un enfant dans son maillot. Ses deux mains jaunes portant chacune cinq doigts, sont étendues en-haut. Les deux yeux, le nez, & la bouche sont peints en rouge; le dessus de la tête & le corps des deux côtés est, d'un

(*) Voyez Aldrovande *De Piscibus Lib. V. Cap. XLI.* & Ruysch *de Piscibus Tit. III. Cap. VII.*

(†) Poissons extraordinaires d'Amboine dans l'Histoire Générale des Voyages, Tome XVII. Edit. de Hollande.

(§) Peut-être le nomme-t-on ainsi, parce que la figure humaine marquée sur la pierre qui s'engendre dans son corps, représente un veillard barbu tel qu'on peint St. Pierre. Il ne faut pas confondre ce poisson avec la dorée qu'on nomme aussi pois-

verd céladon obscur, feuilleté & dentelé, ayant des raies rouges entre deux : le reste de la tête & du corps jusqu'au bas a le fond jaune, peint partout de demi-lunes rouges & bordées de points noirs. La queue est comme la fleur du Pisang, ronde & épaisse vers le corps, pointue en-bas, de couleur rouge & jaune. Il est fort rare & ne se mange point (†).

CHAPÎTRE LX.

Poisson dans le corps duquel il s'engendre une pierre qui a la figure d'une tête humaine.

On pêche sur les côtes de l'Amérique un poisson de la grandeur de notre merlu, qu'on nomme *Poisson de St. Pierre* (§), dans le corps duquel il s'engendre une pierre qui a la figure d'une tête humaine.

Il seroit singulier que les poissons de cette espece portassent tous une pierre ainsi figurée, & qu'elle se formât par une coalition fortuite de parties. Le hazard peut-il donner constamment des produits si réguliers? J'aime mieux croire cette pierre le résultat d'un germe développé, & la figure d'une tête humaine qui y est travaillée, un nouvel essai de la Nature qui a multiplié ces modeles à proportion de l'excellence du chef d'œuvre qu'ils annoncent.

In America piscis deprehenditur, magnitudine Callariæ nostratis, à S. Petro nomen gerens, qui calculum fo-

son de St. Pierre, & qui a au milieu du corps, une marque extérieure de la grandeur & de la rondeur d'un denier. On lui a donné le nom de poisson de St. Pierre à cause d'une pieuse tradition qui dit que cet Apôtre avoit pris un poisson de cette espece, par le commandement de Jesus-Christ, & avoit tiré de sa bouche une piéce de monnoie pour payer le tribut, & que St. Pierre, ayant mis cette piéce sur le corps du poisson, l'empreinte y est restée.

vet effigie capitis humani insignum, dictum Lapis piscis S, Petri Americanus (*)

CHAPITRE LXI.

Le Poisson volant.

Les nageoires sont aux poissons ce que les ailes sont aux oiseaux. Avec leurs ailes les oiseaux nagent dans l'air : avec leurs nageoires les poissons volent dans un élément plus dense. Il y a des Physiciens qui disent que l'eau n'est qu'un air très dense ; & l'air une eau très raréfiée.

Mais les nageoires antérieures prolongées & travaillées sur un plan approchant de celui des ailes, servent à l'exocet à s'élancer dans l'air. Son vol, très-rapide, ne dure pas longtemps ; ses ailes ne pouvant avoir de jeu qu'autant qu'elles sont humectées, & les mouve-

(*) Alberti Seba Locuplet. Rerum Nat. Thes. Tom. II, p. 130.

(†) On lit dans l'Histoire Naturelle des Isles Antilles, ce qui suit au sujet des Poissons volans.

" Il y en a qui tiennent pour un conte fait à plaisir ce que " l'on dit des poissons volans, bien que les relations de plu" sieurs fameux voyageurs en fassent foi. Mais, quelque opi" nion qu'en puissent avoir ceux qui ne veulent rien croire que " ce qu'ils ont vu, c'est une vérité très constante, qu'en navi" geant, dès qu'on a passé les Canaries, jusqu'à ce que l'on ap" proche des Iles de l'Amérique, on voit sortir souvent de la " mer de grosses trouppes de poissons qui volent à la hauteur " d'une pique & près de cent pas loin, mais pas davantage, " parce que leurs ailes se sèchent au soleil. Ils sont presque " semblables aux harengs, mais ils ont la tête plus ronde, & " ils sont plus larges sur le dos. Ils ont les ailes comme une " chauve-souris, qui commencent un peu au dessous de la " tête, & s'étendent presque jusqu'à la queue. Il arrive sou" vent qu'ils donnent en volant contre les voiles des navires " & qu'ils tombent même en plein jour sur le tillac. Ceux qui " en ont fait cuire & qui en ont mangé, les trouvent fort déli" cats. Ce qui les oblige de quitter la mer qui est leur élé" ment le plus ordinaire, est qu'ils sont poursuivis par plusieurs

mens violens qu'elles ſont pour voler les ſéchant bientôt, il eſt obligé de replonger dans l'eau pour les humecter (†).

On compte pluſieurs eſpeces de poiſſons volans qui ne different que par leurs aîles & les couleurs de leur robe. Quelques uns n'ont que deux grandes aîles; d'autres en ont deux grandes & deux petites: dans ces deux eſpeces, les aîles ſont fortifiées d'eſpace en eſpace par des rayons oſſeux prolongés depuis la racine de l'aîle ſous l'ouïe juſqu'à ſon extrêmité, & recouverts d'une double membrane. Il y en a qui ont quatre aîles longues, étroites, unies & ſans arrêtes.

„ grands poiſſons qui en font curée. Pour eſquiver leur ren-
„ contre, ils prennent une fauſſe route, faiſant un bond en l'air,
„ & changeant leurs nageoires en aîles, pour éviter le danger;
„ mais ils trouvent des ennemis en l'air auſſi bien que dans les
„ eaux. Car il y a de certains oiſeaux marins, qui ne vivent
„ que de proie, leſquels leur font auſſi une cruelle guerre, &
„ les prennent en volant. . . .
„ Il ne ſera peut-être pas déſagréable à ceux qui liront l'hi-
„ ſtoire de ces poiſſons ailés du nouveau monde, de nous y voir
„ ajoûter pour enrichiſſement les paroles de ce grand Poëte qui
„ dans ſon ſtyle héroïque nous témoigne qu'avec plaiſir il a

„ —— Vu mille fois ſous les cercles brûlans
„ Tomber comme des cieux de vrais poiſſons volans;
„ Qui courus dans les flots par des monſtres avides,
„ Et cherchant leur refuge en leurs aîles timides
„ Au ſein du pin vogueur pleuvoient de tous côtés
„ Et jonchoient le tillac de leurs corps argentés.

Aujourd'hui on voit de ces ſortes de poiſſons dans tous les cabinets des Naturaliſtes.

HUITIEME PARTIE.

CHAPITRE LXII.

Les Oiseaux, ou Bipedes ailés.

TANDIS que les nageoires antérieures achevent de se transformer en ailes, les postérieures, prenant une autre figure, deviennent des jambes avec des pieds palmés, c'est-à-dire dont les doigts sont liés par une membrane; des plumes remplacent les écailles, le museau s'allonge, la matière des dents forme un bec, & nous avons des oiseaux aquatiques, qui se servent de leurs pieds pour nager: le cygne, le canard, le cormoran, l'oie, la macreuse, la palette, &c. nagent & ne peuvent voler, soit par un défaut de force dans les muscles pectoraux, soit à cause d'un vice particulier de leurs ailes, ou peut-être parce que ces premiers oiseaux conservent sous leur enveloppe plumacée, les mœurs & les inclinations du poisson.

Les pieds perdent la membrane qui unissoit les doigts, & les ailes acquièrent du ressort. Le pluvier, le heron, le butor, le courlis, & les autres de la même classe ne nagent point. Cependant ils ont encore l'instinct aquatique. Ils fréquentent le bord des rivières, & les rivages de la mer, & plongent dans l'eau avec une adresse merveilleuse.

Tels sont les degrés par lesquels l'Etre s'élève du fond des eaux qu'il a peuplées de toutes sortes de poissons en subissant diverses métamorphoses, dans les plaines de l'air où par des variations nouvelles il produit le peuple des oiseaux. Il orne les uns du plus riche plumage: il donne aux autres un ramage mélodieux: quelques especes réunissent les deux avantages.

CHAPITRE LXIII.

L'Autruche.

L'AUTRUCHE est remarquable par ses pieds de quadrupede, ses jambes couvertes d'écailles en tablettes; ses cuisses nues, sans écailles, sans poil & sans plumes; son corps couvert de plumes molles & effilées, comme si elles se changeoient en poil; ses aîles armées d'ergots d'une substance cornée, lesquelles ne peuvent lui servir à voler, mais seulement pour courir plus vîte; ses flancs nuds comme ses cuisses; son cou long & velu, car le duvet qui le couvre est un poil fin, clair-semé & luisant; la petitesse de sa tête; sa langue petite & adhérente comme celle des poissons. J'admire sur tout les yeux de l'autruche, presque semblables à ceux de l'homme: ils sont tirés en ovale, garnis de grands cils, & la paupière supérieure en est mobile.

CHAPITRE LXIV.

La Chauve-souris. La Roussette.

La Chauve-souris.

QUEL est ce petit volatile hideux qui, vers le soir, sort de dessous le toit de ce château à demi-ruiné? Il n'ose se montrer pendant le jour. A-t-il honte de sa difformité. Son vol est gauche, incertain, inégal; son cri est aigre & perçant. Son corps est couvert de poil comme un quadrupede. Je lui croyois des aîles, & je n'apperçois que des os montrueusement allongés, réunis par une membrane nue qui en s'attachant au corps enveloppe les jambes & la queue. Il n'a point de nez: ses yeux vont s'enfoncer dans les conques de ses oreilles: il a la gueule prodigieusement fendue, & la tête surmontée de quatre oreillons. Ce monstre est-il un oiseau défiguré, ou un quadrupede informe? Ce n'est point un quadrupede; il n'a que deux pieds. Ce n'est pas plus un oiseau que le poisson volant. Il n'a que le vol de commun avec les oiseaux. La conformation intérieure du cœur, des poumons & des autres viscères annonceroit un quadrupede. Il a même des rapports particuliers avec l'espece humaine: le mâle a la verge pendante & détachée, ce qui ne lui est commun qu'avec le singe & l'homme, la femelle vivipare a deux mammelles sur la poitrine, dont elle allaite ses petits.

La Roussette.

La Roussette est une espece de chauve-souris, suivant plusieurs Naturalistes (*). Elle pourroit être une chauve souris dégénérée, selon la conjecture de Mr. de Buffon (†). Seba (§) l'appelle un chien volant, seulement parce qu'elle est plus grande & qu'elle a le museau plus allongé que la chauve-souris: Cette différence n'est pas la seule, ni la plus caractéristique. Elle en differe encore par le nombre & la figure de ses dents incisives, & par la partie inférieure du corps: la roussette n'a point de queue, & la membrane qui forme les aîles se termine aux jambes de derrière, au lieu que dans la chauve-souris cette membrane s'étend au-delà des jambes pour envelopper la queue.

(*) *Vespertilio caudâ nullâ* de Mr. Linnaeus. *Vespertilio Cynocephalus Ternatarius* de Mr. Klein; *&c.*

(†) Discours sur la Dégénération des Animaux à la fin du Tome XIV. de l'Hist. Nat. &c. Edit. in 4to.

(§) *Canis volans Ternatanus Orientalis.* Albert. Seba Locuplet. Rerum Nat. Thes. Tom. I.

CHAPITRE LXV.

Ecureuil volant. Singe volant. Chat volant.

l'Ecureuil volant.

On compte plusieurs espèces d'écureuils volans. Je parlerai du seul individu que j'ai vu. Il venoit de la Nouvelle Espagne. Il n'avoit guère que la moitié de la grandeur de notre écureuil vulgaire. Sa queue étoit aussi longue que son corps & sa tête ensemble. Il avoit cinq doigts à chaque pied de devant & de derrière; le pouce étoit séparé des quatre autres, & tous les cinq étoient armés de petits ongles aigus & recourbés. La peau des côtés prolongée & attachée aux jambes de devant & de derrière s'étendoit en forme de membrane très-molle, couverte d'un poil semblable à celui du corps, seulement un peu plus ras. Le poil, roussâtre par dessus le corps, blanchissoit par dessous où il étoit moins fourni. Quand il voloit, c'est-à-dire quand il s'élançoit d'un lieu à l'autre, il déployoit la peau des côtés en étendant les pattes, sans leur donner aucun jeu qui imitât celui des aîles. Je l'ai vu s'élancer jusqu'à trente pas: peut-être eût-il fait un saut plus grand dans un espece moins borné. Il voloit toûjours de haut en bas par une ligne oblique, & jamais de bas en haut, ni horisontalement; mais il grimpoit avec beaucoup d'agilité. Ce que je lui ai trouvé de plus singulier, ce sont ses petites oreilles arrondies & tournées comme celles du singe & de l'homme.

Singe volant.

Helbigius & d'autres Auteurs parlent d'une espece de singe volant dont l'existence ne paroît pas bien constatée. Ce pourroit bien n'être qu'un écureuil volant.

Chat volant.

Seba (*) donne la figure & la description d'un animal dont toutes les extrémités, les quatre pieds jusqu'aux ongles, la queue, & la tête se tiennent par le moyen du tissu membraneux des aîles: c'est une continuation de la peau du dos qui remonte jusqu'au cou, s'étend de chaque côté avec un contour dentelé, couvre les quatre pieds, & va s'attacher à la queue. Sa tête paroît tenir du chat sauvage, d'où lui vient le nom de chat volant. La femelle a des tettes grandes & rondes, semblables aux mammelles d'une femme.

CHAPITRE LXVI.

Le Lezard volant, ou petit Dragon aîlé.

VOICI un nouvel essai de quadrupede volant qui differe de tous ceux que nous avons vus jusqu'à present. C'est un petit Lézard dont le dessus & le dessous du corps sont couverts de petites écailles très minces, ainsi que les pattes & sa longue queue pointue. Il porte de chaque côté une aîle cartilagineuse & écailleuse comme le corps, dont la base s'étend de la cuisse antérieure à celle de derrière sans adhérer à aucune des deux: au moins j'ai toûjours trouvé les aîles ainsi détachées, avec les quatre cuisses & jambes libres dans trois especes différentes que j'ai vus (†). Ces aîles ont six rayons, diminuant de grandeur vers le partie inférieure du corps, & forment cinq couplets. Le lézard volant d'Afrique, celui dont je parle, a sous

(*) Thes. Rer. Nat. T. I. Tab. LVIII. n. 2 & 3.

(†) Cependant Seba donne la figure & la description d'un Lezard volant d'Amérique dont les aîles tenoient aux cuisses des pattes de devant: celles de derrière avoient le jeu libre.

la machoire inférieure une poche (ou un jabot) qui descend jusqu'au cou où elle s'attache Ceux d'Amérique n'en ont point. Cet animal ne vole pas réellement; il saute de branche en branche, & d'un arbre à l'autre.

CHAPITRE LXVII.

Observation sur le passage des oiseaux aux Quadrupedes.

LA différence d'une grosse patte d'écrevisse à une nageoire de poisson ne paroît pas plus grande que celle d'une aile d'oiseau à un pied de quadrupede. La Nature néantmoins, en transformant l'aile en pied s'affranchit de la loi qu'elle avoit suivie auparavant dans la métamorphose des membres un peu dissemblables, savoir de supprimer ces extrémités dans quelques animaux intermédiaires, avant que de les reproduire sous une nouvelle forme (*).

Oseroit-on avancer qu'elle a brusqué ici la métamorphose, & rapporter à cette précipitation les productions irrégulieres dont nous avons vu que le passage des oiseaux aux quadrupedes étoit rempli? cet animal à moitié nud, & à moitié couvert d'écailles, de plumes & de poil, cet oiseau énorme qui ressemble au chameau par les pieds, par la longueur de son cou, & la petitesse de sa tête (†), & dont la stupidité annonce les élémens contraires dont il est composé? ce volatile sans plumes, beaucoup plus petit & plus monstrueux, que la Nature a condamné à ne quitter sa re-

(*) Voyez ci-devant Chapitre LVI.
(†) Aussi l'Autruche porte le nom Latin de, *Struthio-camelus.*

traite que dans les ténèbres, comme si elle eût prétendu nous cacher ses erreurs?

Ses erreurs, ou ses caprices, quelque nom qu'on leur donne, tendent toujours au même but. Ses productions les plus difformes & les plus bizarres nous offrent des traits humains que nous n'avions apperçus dans aucun des animaux les plus parfaits selon nos idées: l'œil de l'autruche, l'oreille de l'Ecureuil volant, la verge pendante de la chauve-souris mâle, & les mammelles rondes du chat volant femelle.

NEUVIEME PARTIE.

CHAPITRE LXVIII.

Les Cétacées.

Le Renard marin.

Les cétacées sont de grands animaux marins qui ont le corps nud & allongé, garni de membres charnus. Ils ressemblent beaucoup aux quadrupedes, quoiqu'ils soient, pour la plûpart des especes de bimanes. Ils ont deux ventricules au cœur, respirent par les poumons, s'accouplent & font leurs petits vivans. Les femelles qui les allaitent ont leurs mammelles placées au bas du ventre, ou sur la poitrine. Parmi ces animaux, les uns sont amphibies, les autres ne sont que plagiures. Ils n'ont pas tous des dents, mais ils ont tous sur la tête ou sur le museau un ou deux canaux pour rejetter l'eau. Entre ceux qui ont des dents, les uns, comme le marsouin, en ont aux deux mâchoires. Le narwhal n'en a qu'à la mâchoire supérieure. Le cachalot n'en a qu'à la mâchoire inférieure. La baleine, qui n'a point de dents, a la mâchoire supérieure garnie de chaque côté de lames de cornes qui s'ajustent obliquement dans l'inférieure.

Le passage des oiseaux aux cétacées est rendu sensible par le renard marin, dont les deux nageoires, qui sont auprès de la tête, représentent les ailes d'un oiseau plumé. Ces ailes osseuses & charnues, très obtuses par les bords, semblent destinées à former des doigts dans les bimanes. (*).

(*) On trouve une description anatomique du renard marin dans les Mémoires pour servir à l'Histoire des animaux.

CHAPITRE LXIX.

Les Mains.

Enfin les membres antérieurs de l'animal, après avoir revêtu & quitté tour à tour tant de formes singulières commencent à ébaucher celle qu'ils doivent avoir dans l'homme. Il faut l'avouer, les premières mains sont très grossières. Elles ont quelquefois jusqu'à sept & huit doigts: celles d'une espece de baleine-cachalot en ont sept (*), & celles d'une espece de diable-de-mer en ont huit (†). Souvent elles n'en ont que quatre, comme dans le lamentin & le singe de mer. Tantôt les doigts sont excessivement courts, & tantôt monstrueusement longs. Le poisson nommé l'Enfant de mer emmailloté nous a pourtant fait voir deux petites mains plus régulières. Leur difformité dans les cétacées est probablement une nécessité ou un avantage, eu égard à l'exigence de leurs besoins; & malgré les défauts de ces parties envisagées comme des mains, on y entrevoit l'application de la Nature à les travailler, à en multiplier les essais pour parvenir, à force de répétitions, à leur donner la juste proportion qu'elles doivent avoir pour convenir au corps humain. Avant que de quitter le rivage de la mer, nous verrons se promener sur sa surface un animal à-moitié homme.

CHA-

(*) C'est la Neuviéme espece de baleine suivant la division de Mr. Anderson; & la seconde espece de Cachalot.

(†) Celui dont parle Rochefort dans son Histoire Naturelle & morale des Iles Antilles.

CHAPITRE LXX.

La Baleine.

Il est constant que la baleine est bimane. Elle a, au-lieu de nageoires, des os articulés, figurés comme ceux de la main & des doigts de l'homme, revêtus de muscles & de beaucoup de chair tendineuse, & recouverts d'une peau assez épaisse, semblable à celle qui enveloppe le reste du corps. Cet énorme habitant des eaux salées, s'avance par le moyen de sa queue qui fait la fonction d'une grande rame, & ne se sert de ses mains que pour tourner dans l'eau. La femelle, lorsqu'elle fuit, en fait aussi usage pour emporter ses petits (*).

On apporta à Paris, il y a un peu plus d'un siècle (†) le squelette d'une baleine propre à donner une idée de la grandeur de ces animaux marins. „ Le crâne avoit seize à dix-sept pieds d'ouverture, & quatorze pieds de longueur, pesant environ onze cens livres; les nageoires qui ressembloient à des mains, douze pieds de long, & pesoient six cens livres; & enfin, les côtes, douze pieds & demi de longueur, & chacune pesoit quatre-vingts livres."

Des mains de douze pieds de longueur, garnies d'une quantité excessive de chair & de graisse, peuvent aisément paroître assez difformes & monstrueuses pour être appellées des bras, des aîles, ou des nageoires. Leur figure véritable n'a pourtant pas échappé à ceux qui l'ont vue & examinée de près.

(*) Anderson, Histoire Nat. d'Islande, & Hist. Nat. de Groenland.

(†) En 1658.

CHAPITRE LXXI.

Le Diable de mer.

PLUSIEURS poissons portent ce nom, parce que le peuple donne le nom de *diable* à tout ce qui a l'aspect hideux ou effrayant. Celui dont je veux parler ici est un cétacée de douze pieds de long & davantage. Quand il ouvre la gueule, il étale une énorme quantité de dents qui garnissent ses deux mâchoires, sa langue & le fond de sa gorge: c'est tout ce qu'il a de diabolique. Outre quatre nageoires, deux grandes latérales, & deux plus petites, l'une sur le dos, & l'autre près de l'anus, il a deux mains sous le ventre composées chacune de cinq doigts articulés.

On lit dans le Journal Encyclopédique du 15 Janvier 1764. une lettre au sujet d'un monstre marin échoué au fort de Kermorvan à quatre lieues de Brest; deux nageoires en forme de mains placées à la partie antérieure de l'estomac, lui firent donner le nom d'*homme de mer*; ce n'étoit peut-être qu'un diable de mer.

Mr. Savary, Docteur en Médecine de la faculté de Paris, & médecin de la marine à Brest, nous a donné la description d'un Diable de mer échoué dans la rade de cette ville, qui n'avoit pas tout-à-fait cinq pieds. Je n'en rapporterai que ce qui regarde les mains.

„ En renversant ce poisson, dit Mr. Savary, on „ voit à un pied de distance du rebord de la mâ„ choire inférieure deux autres petites nageoires, en „ forme de mains, écartées l'une de l'autre d'environ „ six pouces. On pourroit les appeller *nageoires ven„ trales*, quoique leur situation réponde plutôt au „ fond de la bouche qui est énorme dans cet animal. „ Elles sont composées chacune de cinq rayons carti-

„ lagineux ſemblables à cinq doigts; ce qui leur don-
„ ne beaucoup de reſſemblance avec les mains ou les
„ pieds d'un homme. La peau qui les couvre eſt
„ rougeâtre & de couleur de chair, un peu rabo-
„ teuſe, & même calleuſe; ce qui feroit croire qu'il
„ s'en ſert pour s'appuyer contre les corps durs, &
„ élever ſa tête, ou peut-être pour fouiller & creuſer
„ le ſable dans lequel il s'enfonce & ſe cache pour ten-
„ dre ſes piéges & attraper ſa proie (*)."

Mr. Savary croit que c'eſt le *Lophius ore cirroſo* d'Artedi, & la deſcription qu'il en fait cadre très-bien avec celle de ce Naturaliſte. Seulement les rayons cartilagineux des mains ſont des oſſelets, ſelon Artedi.

CHAPITRE LXXII.

Le Lion marin.

„ On trouve dans l'Ile de Juan Fernandez un
„ amphibie appellé *Lion marin*, qui reſſemble un peu
„ au veau marin, quoique beaucoup plus grand; nous
„ le mangions ſous le nom de bœuf; & comme c'eſt
„ un animal tout-à-fait ſingulier, je ne ſaurois me
„ diſpenſer d'en donner ici la deſcription.

„ Les lions marins, quand ils ont toute leur taille,
„ peuvent avoir depuis douze juſqu'à vingt pieds de
„ long, & en circonférence depuis huit pieds juſqu'à
„ quinze: ils ſont tellement gras qu'après avoir fait
„ une inciſion à la peau qui a environ un pouce d'é-
„ paiſſeur, on trouve au moins un pied de graiſſe
„ avant que de parvenir à la chair ou aux os; & nous
„ fîmes plus d'une fois l'expérience que la graiſſe de
„ quelques-uns des plus gros nous fourniſſoit juſqu'à
„ cent-vingt ſix galons d'huile, ce qui revient à peu

(*) Journal de Médecine Tome XXII. p. 66.

„ près à cinq cens Pintes mesure de Paris. Ils sont „ aussi fort sanguins, car, si on leur fait de profondes „ blessures dans une douzaine d'endroits, on verra „ jaillir à l'instant avec beaucoup de force, autant de „ fontaines de sang. Pour déterminer la quantité de „ leur sang, nous en tuâmes d'abord un à coups de „ fusil; lui ayant ensuite coupé la gorge nous mesu- „ rames le sang qu'il rendit, & trouvâmes qu'outre „ celui qui restoit encore dans les vaisseaux & qui „ n'étoit pas peu de chose, il en avoit rendu au moins „ deux barriques. Leur peau est couverte d'un poil „ court, de couleur tannée claire; mais leur queue „ & leurs nageoires qui leur servent de pieds, quand „ ils sont à terre, sont noirâtres. Les extrémités de „ leurs nageoires ne ressemblent pas mal à des doigts „ joints ensemble par une membrane. Mais cette „ membrane ne s'étend pas jusqu'au bout des doigts „ qui sont garnis chacun d'un ongle. Outre la gros- „ seur qui les distingue des veaux marins, ils en dif- „ fèrent encore en plusieurs choses, & surtout les „ mâles, qui ont une espece de grosse trompe, qui „ leur pend du bout de la mâchoire supérieure de la „ longueur de cinq ou six pouces; cette partie ne se „ trouve pas dans les femelles, ce qui les fait distin- „ guer des mâles au premier coup d'œil, outre qu'el- „ les sont beaucoup plus petites......

„ Ces animaux sont de vrais amphibies: ils passent „ tout l'été dans la mer & tout l'hiver à terre; c'est „ alors qu'ils travaillent à la génération, & que les „ femelles mettent bas. Leurs portées sont de deux „ petits à la fois: ces animaux tettent & sont dès la „ naissance de la grandeur d'un veau marin qui a „ toute sa taille. Les lions marins, pendant tout le „ temps qu'ils sont à terre, vivent de l'herbe qui croît „ sur les bords des eaux courantes, & le temps qu'ils „ ne paissent pas, ils l'emploient à dormir dans la „ fange. Ils paroissent d'un naturel fort pesant & „ sont difficiles à réveiller, mais ils ont la précaution „ de placer des mâles en sentinelle autour de l'endroit

„ où ils dorment, & ces sentinelles ont grand soin „ de les éveiller dès qu'on approche seulement de la „ horde. Ils sont fort propres à donner l'allarme, „ leurs cris étant fort bruyans, & de tous fort diffé- „ rens; tantôt ils grognent comme des pourceaux, & „ d'autres fois ils hennissent comme les chevaux les „ plus vigoureux. Ils se battent souvent ensemble, „ surtout les mâles, & le sujet ordinaire de leurs que- „ relles ce sont les femelles. Nous fûmes un jour „ surpris à la vue de deux de ces animaux qui nous „ parurent d'une espece toute nouvelle; mais en ap- „ prochant de plus près, nous trouvâmes que c'é- „ toient deux mâles, défigurés par les blessures qu'ils „ s'étoient faites à coups de dents, & par le sang dont „ ils étoient couverts.....

„ Nous tuâmes quantité de ces animaux pour en „ manger la chair, & surtout le cœur & la langue, „ que nous trouvions préférable à celle de bœuf. Il „ est très facile de les tuer; car ils sont presque éga- „ lement incapables de se défendre & de s'enfuir; il „ n'y a rien de plus lourd que ces animaux, &, au „ moindre mouvement qu'ils font, on voit leur graisse „ mollasse flotter sous leur peau. Cependant il faut „ se donner de garde de leurs dents; car il arriva à un „ de nos matelots, dans le temps qu'il étoit tranquil- „ lement occupé à écorcher un jeune lion marin, que „ la mère de cet animal se jetta sur lui sans qu'il l'ap- „ perçût, & lui prit la tête dans sa gueule. La mor- „ sure fut telle que le matelot en eut le crâne fracassé „ en plus d'un endroit, & quelques soins qu'on pût „ en prendre, il mourut peu de jours après (*) "

Telle est la description du lion marin qu'on lit dans les voyages du Lord Anson; mais suivant la figure qu'on en voit dans le même livre, ces deux nageoires

(*) Voyage autour du Monde de George Anson, p. 110. Kolbe dans sa Description du Cap de Bonne-Espérance, & d'autres Auteurs ont aussi parlé du Lion Marin.

qui lui servent de pieds pour se traîner quand il est à terre, sont des mains imparfaites, comme celles de la baleine & des autres bimanes, avec cette différence que les doigts du lion marin sont unis par une membrane jusques vers la moitié de leur longueur, ce qu'on ne trouve pas généralement dans tous les cétacées à deux mains, mais dans quelques especes seulement.

La baleine, le diable de mer & le Lion marin pourroient être appellés des bimanes estropiés. Leurs mains sont comme jointes immédiatement aux omoplates. Dans la baleine & le diable de mer on ne voit ni l'humerus, ni l'avant-bras; la partie qui repond à la main de l'homme sort immédiatement de la poitrine. Les deux autres sont enfermées & cachées dans le corps, sous la peau. Dans le lion marin une portion de l'avant-bras se montre au dehors. Le bras sortira en entier dans les bimanes suivans.

CHAPITRE LXXIII.

Le Lamentin.

Le lamentin (*Planche V. Fig.* 3.) est un des bimanes qui mérite le mieux ce nom, quoiqu'en dise le P. Labat qui n'a point vu cet animal, & qui en a pris la figure dans l'Histoire Naturelle des Iles Antilles par Rochefort; & cette figure, la même que je repete ici, suffit pour combattre le sentiment de ce missionnaire.

La Nature, supprimant les nageoires, les cornes, & la queue des autres cétacées, a formé une masse vivante de près de dix-huit pieds, qui n'a d'autres membres que deux bras courts & ramassés, auxquels sont attachées deux petites mains qui n'ont chacune que quatre doigts courts & gonflés. Le lamentin a les yeux petits: sa peau est épaisse, ridée en quelques endroits, eſt parſemée de quelques petits poils. Il a deux mammelles ſur la poitrine, qui eſt peut-être un caractère des cétacées bimanes. Il s'accouple à la maniére de l'homme. Ses bras ſont flexibles; la femelle s'en ſert à tenir & porter ſes petits, à peu près comme les ſinges tiennent les leurs.

Mais, dit le P. Labat, comment a-t-on pu donner le nom de pieds ou de mains aux deux nageoires qu'il a un peu au deſſous du cou, qui ſe replient ſous le ventre, & dont quelques Auteurs prétendent qu'il ſe ſert pour ſe traîner ſur la terre? Premiérement il s'en faut bien que ces prétendus pieds ou mains aient aſſez de force pour ſoutenir ou faire mouvoir un corps auſſi peſant. En ſecond lieu, ſuivant le rapport d'un très grand nombre de perſonnes, ſurtout des Flibuſtiers qui n'ont ſouvent d'autre reſſource pour vivre que la pêche du lamentin, & des Indiens de l'Iſthême de Darien qui ſont ſans contredit les meilleurs pêcheurs du monde, le lamentin ne vient jamais à terre; ainſi ce n'eſt point un animal amphibie, ni un quadrupede. Ainſi parle le P. Labat.

Quoique le lamentin ne ſoit point un quadrupede; quand même il ne ſeroit point amphibie, cela empêche-t-il qu'on ne puiſſe donner le nom de mains aux deux membres qu'il a aux deux côtés de la poitrine, fuſſent-ils encore incapables de porter le poids du corps? C'eſt la forme qui détermine leur nom; on y diſtingue la main, l'avant-bras & l'humerus. Ces trois parties ſont racourcies, & un peu monſtrueuſes, ſi l'on veut; cependant elles ont du jeu & de la flexibilité, ce qui les caractériſe encore mieux (*).

(*) Mr. Klein (*Diſp. Quadr. p.* 94.) après avoir comparé ce que les anciens & les modernes ont dit du lamentin, après avoir réfuté ſurtout Cluſius & Artedi, doute ſi cet animal a véritablement des mains, des aîles, ou des nageoires, & conclut que l'hiſtoire Naturelle, qu'on en a donnée juſqu'ici, eſt très défectueuſe. Mr. de Buffon le dit bimane dans ſon Hiſtoire des ſinges.

Mr. de la Condamine nous a donné la description & la figure d'un cétacée qu'il a lui-même dessiné d'après Nature (*). Les Espagnols & les Portugais lui donnent le nom de *Vacha-marine*, ou de *Poisson-bœuf*. Ce savant Académicien croit que c'est le même qu'on nomme *lamentin* à Cayenne & aux Iles Françoises de l'Amérique. Cette vache marine n'a que deux petites nageoires placées assez près de la tête, & qui lui servent de bras & de pieds. Je ne la crois pas le véritable lamentin. Mr. de la Condamine convient aussi que c'est une espece un peu différente; & en effet on sait que les Espagnols appellent le lamentin *Manati*, parce qu'il a des mains (†), & non pas *Vacha marina*.

CHAPITRE LXXIV.

Le Singe de mer Danois. Simia marina Danica.

On peut voir dans le *Theatrum universale omnium animalium* de Jonston publié par Ruysch, la figure du singe de mer Danois, qui a deux mains, & surtout deux bras que l'on prendroit pour des bras humains, s'ils étoient sur un autre corps. La forme de l'humerus, du coude, de l'avant-bras est aussi parfaite que dans l'homme. La main n'a que quatre doigts, & chaque doigt est armé d'un petit ongle aigu.

(*) Relation de la rivière des Amazones.

(†) De *Manati* les Naturalistes ont fait *Manatus*, nom Latin qu'ils donnent au lamentin.

CHAPITRE LXXV.

L'Ambize.

L'AMBIZE n'eſt pas l'homme marin : il eſt beaucoup plus grand, & ne reſſemb'e pas ſi bien à l'homme terreſtre. Suivant Dapper (*), les ambiſes ſe trouvent dans les lacs d'Angola & de Quihite. Ils ont pleinement huit pieds de longueur. Nieremberg dit qu'il y en a quelquefois de ſi grands qu'ils peſent jusqu'à cinq cens livres. Ils ont deux bras fort courts, avec des mains qui peuvent ſe courber un peu, mais qui ne ſe ferment point comme celles de l'homme. Leurs doigts, qui ont une certaine longueur, ſont joints par une membrane. Ils ont les yeux petits, le nez plat, la bouche grande, ſans apparence d'oreille & de menton. Les parties naturelles du mâle reſſemblent à celles du cheval. La femelle a deux mammelles bien formées ſur la poitrine, mais qui ne paroiſſent pas bien diſtinguées l'une de l'autre, tandis qu'elle eſt dans l'eau, parce que leur couleur eſt de gris-fané.

(*) Deſcription de la Baſſe Ethiopie.

DIXIEME PARTIE.

CHAPITRE LXXVI.

L'Homme marin.

Nous terminerons la classe des bimanes par l'hommes marin. Tant de témoignages autentiques constatent l'existence des poissons-hommes & des poissons-femmes par la moitié supérieure du corps, qu'il y auroit plus que de l'opiniâtreté à en douter. Voici ce que j'ai pu rassembler de plus avéré au sujet de ces hommes marins.

CHAPITRE LXXVII.

Homme marin pêché à Oxford.

Larrey (*) rapporte qu'en 1187, on pêcha à Oxford, dans le Duché de Suffolk, un homme marin que le Gouverneur garda six mois, desorte que chacun put le voir. Sa figure étoit si conforme à celle de l'homme, qu'il sembloit ne lui manquer que la parole. Un jour s'étant échappé, il se replongea dans la mer, & on ne le revit plus.

(*) Histoire d'Angleterre.

CHAPITRE LXXVIII.

Espece de Sirène pêchée en Westfrise.

On lit, dans les *Délices de la Hollande*, qu'en 1430. après une furieuse tempête qui avoit rompu les digues & donné passage à la mer dans les prairies, des filles d'Edam en Westfrise, passèrent en batteaux par Purmerand pour aller traire des vaches, & que l'eau s'étant retirée, elles apperçurent une femme marine dans la vase. Elles l'emmenèrent à Edam où elle se laissa habiller & usa de nos alimens de pain & de lait. On lui apprit à filer. On la mena à Harlem; elle y vécut quelques années sans pouvoir apprendre à parler, & conservant toûjours un instinct qui la conduisoit vers l'eau. D'où l'on peut conclure qu'elle se seroit replongée dans la mer, ainsi que l'homme marin pêché à Oxford, si on ne l'eût gardée de près. Je me souviens d'avoir vu de très anciennes figures de cette espece de Néréide, dans lesquelles elle est représentée filant, & assise sur sa queue de poisson repliée sous elle (†).

CHAPITRE LXXIX.

Sept hommes marins & neuf femmes marines.

L'HISTOIRE générale des Voyages dit qu'en 1560 des pêcheurs, près de l'Isle de Manar dans les Indes, sur la côte occidentale de l'Isle de Ceylon, prirent d'un coup de filet sept hommes marins & neuf femmes

(*) Desponde parle de cette femme marine dont il est aussi fait mention dans les Ephémerides des curieux de la Nature.

marines. Le médecin qui les examina avec soin, & qui en fit l'anatomie, trouva toutes leurs parties intérieures & extérieures très-conformes à celles de l'homme. Dimas Bosquez de Valence, médecin du Viceroi de Goa, en fit l'ouverture en présence de plusieurs Missionnaires Jésuites, & en particulier du Père Henriquez.

CHAPITRE LXXX.

Syrène d'une grande beauté.

Un Capitaine de Vaisseau, nommé Schmidt, Anglois de nation, vit en 1614. dans la Nouvelle Angleterre, une Syrène d'une grande beauté, qui ne le cédoit en rien aux plus belles femmes. Des cheveux d'un noir bleuâtre flottoient sur ses épaules; mais la partie inférieure, en commençant à la région ombilicale, ressembloit à la queue d'un poisson.

CHAPITRE LXXXI.

Témoignage de Monconys.

Monconys fait mention (*) de ces hommes marins semblables aux poissons par la partie inférieure de leur corps, & aux hommes par la partie supérieure, à la réserve des mains dont les doigts sont unis ensemble par une membrane, comme les pieds des oies ou les aîles des chauves-souris. Nous avons vu cette forme dans quelques bimanes.

(*) Dans son Voyage d'Egypte.

CHAPITRE LXXXII.

Cinq hommes Marins, & une femme marine.

Sous le Pontificat d'Eugène IV, on prit un homme marin. Sous l'Empereur Maurice, on vit dans le Nil un homme marin & une femme marine qui se laissèrent voir pendant trois ou quatre heures hors de l'eau jusqu'au nombril.

En 1526. on prit en Frise un homme marin qui avoit beaucoup de barbe & de cheveux.

Un autre fut pris en 1531. dans la Mer Baltique, & envoyé à Sigismond, Roi de Pologne: il vécut trois jours à sa Cour.

On en prit encore un autre jeune près de la Racca de Sintra (*).

CHAPITRE LXXXIII.

Deux femmes marines.

Il parut en 1669. auprès du port de Coppenhague, une Syrène qui fut apperçue du rivage par plusieurs personnes dignes de foi (†); quoiqu'elles ne fussent pas d'accord sur la couleur de ses cheveux, toutes convinrent qu'elle avoit le visage d'un homme sans barbe & la queue fourchue (§).

Lucas-Jacob Debes (§§) dit qu'en 1670. sur la côte

(*) Dictionnaire des Animaux.

(†) Thomas Bartholin en parle.

(§) Ephémerides des curieux de la Nature; Mélanges d'Histoire Naturelle.

(§§) Curiosités Naturelles observées dans les Isles de Féroé.

méridionale de Sudercoé, plusieurs habitans du village de Quelboé virent une femme marine. Elle resta près de trois heures élevée au dessus de la surface de l'eau, tenant en sa main un poisson qui avoit la tête en bas. Sa longue chevelure descendoit jusqu'à la partie du corps qui étoit plongée dans la mer. On la voyoit à découvert jusqu'au nombril. Les habitans de Sudercoé virent aussi ce monstre, & Debes dit tenir ce fait d'un d'eux qui étoit à Coppenhague lorsqu'il le lui raconta.

CHAPITRE LXXXIV.

Poisson-femme, appellé par les Espagnols Peco-muger.

Redi parle d'un poisson, assez commun dans les mers du Bresil, que les Espagnols appellent *Peco muger*, parce qu'il a la face d'une femme. On dit que ses os ont la vertu d'arrêter toute espece d'hémorragie (c). Mais cette propriété n'est pas aussi bien constatée que l'existence du poisson même dont nous allons donner une description plus détaillée d'après Ruysch.

En certains temps de l'année, on pêche dans la mer des Indes Orientales, proche des Isles Visaies, qui sont sous la domination des Espagnols, un poisson anthropomorphe c'est-à-dire poisson à figure humaine, que les Espagnols appellent *Peco muger* & les étrangers *Dugon*. Il a la tête ronde, collée immédiatement sur les épaules, sans cou; ses oreilles, faites comme celles de l'homme, ont la conque tournée à peu près de la même façon, avec l'ouverture beaucoup plus grande. Ses yeux couverts de leurs paupières ressemblent pour

(c) Redi, Experimenta Naturalia, &c.

Planche VI. Page 110.

J. V. Schley del. et sculp.

la couleur & pour la manière dont ils sont placés, non aux yeux d'un poisson, mais à ceux d'un homme. Il a le nez plat, les levres comme les nôtres. Ses dents pleines & très blanches sont rangées comme dans l'homme & non comme dans les poissons. Il a la poitrine large, blanche, délicate, les mammelles rondes & fermes comme les ont les vierges & non pendantes comme les nourrices: elles sont pleines d'un lait très blanc. Enfin ses bras sont plus larges & plus gros que longs, propres à nager, & les coudes peu marqués: les mains portent de petits doigts pointus qui tiennent les uns aux autres par une membrane (*Voyez Planche VI.*) Le mâle & la femelle ont les parties sexuelles semblables à celles de l'homme & de la femme. Le reste du corps finit en queue de poisson. On ne sera pas fâché de trouver ici le passage entier rapporté par Ruysch, que je viens de traduire en m'attachant plus à la figure qu'à la lettre.

Capitur certis anni temporibus in mari Orientali Indiæ ad Insulas Vissajas quas Insulas Pictorum vocant, sub Hispanorum dominio, piscis quidam ἀνθρωπόμορφος, id est humana prorsus figura, quam ideo Pece muger vocant, ab indigenis Duyon. Caput habet rotundum, nulla colli intercapedine trunco compactum. Extremæ aurium fibræ, quæ & auricula nonciantur, ex cartilaginea carne eleganter positæ, quarum interior pars amplissimis formata anfractibus, veram hominis refert aurem; oculos suis ornatos palpebris, [illegible] & colore non piscis sed hominis judicares; naso non nihil [illegible]: [illegible] inter utrumque non [illegible], sed levi tramite [illegible]; sub eo ore labiis [illegible] [illegible] nostris simillima. Dentium non qualis insunt piscium generi serratilium, sed plenorum & candidissimorum continua series. Pectus albo cute contectum, hinc atque hinc paulo latius quam pro corpore in mammas extuberans; neque eas ut fœminis pendiculas, sed quales virginibus globosas, plenas lactis candidissimi. Brachia non longa sed lata ad natandum apta, nullis tamen ipsa cubitis, ulnis, manibus, articulisve distincta. In administris soboli propagandæ membris in utro-

quæ sexu nulla ab humanis distincta: post hæc in piscem cauda desinit (*).

CHAPITRE LXXXV.

Homme marin & Femme marine desséchés.

En 1755 on montroit à la foire Saint-Germain à Paris deux poissons desséchés, l'un mâle l'autre femelle, qui ressembloient à un homme & à une femme par le haut du corps jusqu'à la ceinture, ayant la tête, le visage, le sein & les mains semblables aux nôtres: ils sentoient la marée. Celui qui les faisoit voir les appelloit Triton & Syrène.

CHAPITRE LXXXVI.

Description d'une femme marine que l'on voyoit vivante à Paris en 1758.

Quelques années après (†) on vit à la même foire une autre femme marine vivante que l'on conservoit dans un grand bassin d'eau plein d'eau où elle paroissoit se plaire beaucoup. Elle étoit vive & agile. Elle avoit deux pieds de long. Elle plongeoit & sautoit dans l'eau avec beaucoup de dexterité; lorsqu'elle étoit tranquille, son attitude ordinaire étoit d'avoir le corps droit élevé sur la surface de l'eau jusqu'au dessous du sein. On lui donnoit du pain & de petits

(*) Kircher. Art. Magnet. Lib. VI. p. 675. Ruysch de Piscibus Tit. III. Cap. 1.

(†) En l'année 1758.

petits poissons qu'elle mangeoit, se servant de ses mains pour les porter à sa bouche. Elle regardoit les spectateurs, les hommes surtout, avec une attention qui annonçoit la curiosité & le desir, & qui ne pouvoit être que l'effet du pur instinct. Elle avoit la peau rude au toucher, la tête nue à l'exception de quelques apparences écailleuses derrière la tête vers la nuque, les oreilles longues & larges, le visage très laid, le cou épais & honnêtement long, la main droite mal formée, aussi se servoit elle plus ordinairement de la gauche, la poitrine large les mammelles grandes pleines & arrondies. A l'égard du sexe, un clitoris fort gros sortoit de la vulve de la longueur d'un demi-pouce. Elle avoit deux especes de nageoires aux aînes, qui pouvoient se fermer & couvrir en se fermant les parties sexuelles. Elle avoit la moitié inférieure du corps en queue de poisson couverte d'écailles. Une nageoire composée de six rayons descendoit en diminuant de grandeur & d'épaisseur depuis la vulve jusques vers l'extrémité de la queue. Cette queue se terminoit d'une manière particulière qui, lorsqu'elle étoit ouverte ou épanouie, ne ressembloit pas mal au calice d'une fleur. Elle étoit formée d'une seule membrane de la même substance que les nageoires, & attachée sur dix rayons. Une moitié pouvoit s'abattre sur l'autre, & cette queue ainsi fermée ressembloit à un double éventail. Six portions de la membrane, savoir trois portions correspondantes de chaque côté, portoient une marque extérieure. La première du côté gauche étoit un point blanc surmonté d'un petit arc de même couleur. Les deux autres étoient composées chacune de deux arcs blancs qui se regardoient, & dont l'inférieur, c'est-à-dire le plus éloigné du bord de la queue, étoit plus petit que l'autre. Les trois taches du côté droit étoient à peu près semblables. Tel étoit cet animal singulier. Mr. Gautier, si connu par ses planches anatomiques colorées, le vit & le dessina dans le temps; c'est d'après son dessin que nous en donnons la figure (*Planche V. Fig.* 4)

Cette femme marine differe en plusieurs points de celle dont parle Kircher; celle-là n'avoit point de cou; celle-ci en avoit un épais & assez long. L'une avoit une nageoire sur chaque hanche & les hanches étoient grosses & bien marquées; l'autre avoit les hanches presque effacées, deux nageoires vers les aînes, & une plus longue sous la queue. La conformation des oreilles, des mains, du sexe, & de l'extrémité de la queue différoit dans l'une & dans l'autre, ainsi que le derriére de la tête qui portoit de petits cheveux dans la première, & des apparences écailleuses dans la seconde. Le corps n'avoit pas la même délicatesse de peau dans les deux.

CHAPITRE LXXXVII.

Homme marin vu par Mr. Glower.

Mr. Glower en parlant du climats & des productions de la Virginie (*), dit qu'il y a peu de pays au monde où il y ait un si grand nombre de fleuves, que l'on y voit souvent des montres marins, qu'il en a vu un qui parut comme il descendoit sur un de ces fleuves; que ce monstre avoit une figure humaine, avec la tête, les bras, l'air & le visage d'un Indien; que son regard terrible jetta la terreur dans l'âme de tous ceux qui étoient dans son batteau, jusqu'à ce que plongeant dans l'eau il fit voir sa queue de poisson qui étoit cachée, tandis qu'il se tenoit debout, la tête & la moitié du corps élevées au-dessus des eaux.

(*) Transactions Philosophiques, & Journal des Savans an. 1676.

Planche VII.e Page 115.

del. et sculp.

CHAPITRE LXXXVIII.

Extrait d'une Lettre écrite de la Martinique, par Mr. CHRÉTIEN, *à un Licentié de Sorbonne, contenant la Relation d'un homme marin qui a paru aux côtes de cette Isle le 23 de Mai 1671. (Planche VII.)*

„ LE diamant est un grand rocher situé au sud de la Martinique & séparé de l'Isle par un détroit d'une lieue. Les ras des marées contraires qui courent furieusement entre les pointes des montagnes voisines, le rendent presque inaccessible. Les oiseaux s'y retirent comme dans un lieu où les dangers de la mer & les précipices les rassurent contre les courses des chasseurs. Il y en a en si grande quantité qu'ils font comme de grands nuages au-dessus des batteaux qui en approchent; & ceux qui ont la hardiesse de monter au haut de ce rocher, remplissent souvent de grands canots de petits, qu'ils prennent à la main, dans les trous & dans les herbes d'alentour: de sorte que la stérilité de ce desert produit, avec une fécondité admirable, le grand nombre d'oiseaux qui peuplent nos bois; & qui font une partie de notre nourriture. Mr. le Général de Baas, ayant sagement remarqué que les habitans des côtes voisines enlevoient les œufs & les petits, & ruinoient la chasse de l'Isle par ce pillage, a défendu à toutes sortes d'habitans d'aborder cette Isle durant le temps que les oiseaux y couvent leurs petits; & le Sieur de la Paire, Capitaine Commandant de ce quartier, a pris un soin particulier de faire observer cette ordonnance si utile au Public, jusqu'au 23 Mai, qu'il commanda un canot pour reconnoître la fécondité de ce petit desert. Le Maître du canot, s'étant acquitté de sa commission, retourna sur une pointe avancée de dix ou douze pas

» dans la mer, élevée de huit ou dix pieds au dessus
» de l'eau, où un autre François & quatre Negres,
» qui composoient son equipage, l'attendoient. Ils
» demeurèrent sur cette pointe jusqu'à une heure a-
» vant le soleil couchant (c'est environ cinq heures
» & un quart, à la fin de mai, dans les Isles), pour
» attendre que le vent d'est, contraire à leur retour,
» s'abaissât comme il a coûtume de faire tous les soirs.
» Ils se divertissoient, lorsqu'un jeune François effrayé
» fit un grand cri qui leur fit aussi-tôt tourner la tête
» de son côté, pour apprendre le sujet de sa crainte;
» & tous ensemble voyant en même temps un hom-
» me marin à huit pas d'eux, qui avoit la moitié du
» corps hors de l'eau, ils furent saisis d'un etonne-
» ment qui, partageant leurs esprits entre la crainte
» & l'admiration, les arrêtoit sans sçavoir s'ils devoient
» fuir, ou considérer à loisir ce monstre. Il avoit la
» figure d'homme depuis la tête jusqu'à la ceinture,
» la taille petite telle qu'ont les enfans de quinze ou
» seize ans; la tête proportionnée au corps; les yeux
» un peu gros, mais sans difformité; le nez un peu
» large & camus; le visage large & plein; ses cheveux
» gris mêlés de blancs & de noirs étoient plats & ar-
» rangés comme s'ils eussent été peignés, & lui flot-
» toient sur le haut des épaules; une barbe grise, éga-
» lement large partout, lui pendoit sept ou huit pou-
» ces sur l'estomac qui étoit couvert de poil gris com-
» me aux Vieillards, le visage, le cou & le reste du
» corps étoit médiocrement blanc; on n'a rien remar-
» qué de particulier au cou, aux bras, aux mains,
» aux doigts, ni au reste du corps qui sortoit de l'eau,
» si ce n'est qu'il n'étoit pas couvert d'écailles, ou de
» poil, & qu'il paroissoit avoir la peau assez délicate.
» La partie inférieure depuis la ceinture, que l'on
» voyoit entre deux eaux, étoit proportionnée au
» reste du corps & semblable à un poisson, & elle se
» terminoit par une queue large & fourchue, comme
» vous le voyez dans la figure ici jointe (*Planche VII*)
» L'étonnement que cette vue causa d'abord aux

„ François & aux Negres, ne leur permit pas de la
„ bien distinguer la première fois; mais s'étant remis
„ de ce premier trouble, & le monstre s'étant montré
„ sur l'eau plusieurs fois, & fort longtemps, ils eu-
„ rent le loisir de remarquer distinctement toutes les
„ parties dont il étoit composé. Le plus jeune des
„ François, à qui les dangers continuels ont appris à
„ ne rien craindre, se familiarisant peu à peu avec
„ lui, l'appella en le sifflant, comme on appelle les
„ chiens. Un des Negres voulut jetter une grosse li-
„ gne pour le prendre. Il se montra la première fois à
„ huit pas du rocher. Il se montra plus près la se-
„ conde fois, & vint ensuite tout proche de la poin-
„ te, où les François & les Negres étoient assis; &
„ puis se retirant vers l'est le long d'un herbage qui
„ est au pied de ce rocher, il se tourna plusieurs fois,
„ & s'arrêta longtemps sur l'eau, comme s'il eût pris
„ plaisir à voir & à être vu, sans s'effaroucher ni té-
„ moigner aucun étonnement; & enfin il disparut au
„ commencement de la nuit.

„ Ce recit ayant été fait premiérement à un Pere
„ Jésuite, qui faisoit mission dans les côtes du voisi-
„ nage, où la mort de Mr. Rozel très-fervent Ecclé-
„ siastique, a laissé une Eglise de plus de mille per-
„ sonnes sans pasteur; & ensuite la même chose ayant
„ été rapportée au Sieur de la Paire Capitaine de ce
„ grand Quartier; sa nouveauté la leur rendit su-
„ specte, & les obligea d'en faire une information avec
„ toute l'exactitude que peut donner la crainte d'être
„ publiquement trompé. Ils prétendoient au com-
„ mencement en détromper le peuple qui a toûjours
„ trop d'inclination à croire les choses extraordinai-
„ res, & qui peuvent servir d'entretien; mais ayant
„ vu que les témoins répondoient à cent questions
„ qu'on leur faisoit, sans se contredire, ils furent à
„ la fin obligés de croire ce recit comme véritable,
„ qu'ils n'avoient considéré d'abord que comme une
„ fable. Le Sieur de la Paire fit recevoir juridiquement
„ leurs dépositions par un Notaire, en présence des

„ Officiers & des Personnes les plus considérables du
„ quartier (*).

„ Il seroit difficile de faire une recherche plus ri-
„ goureuse. Un Religieux & un Capitaine de méri-
„ te, à qui plusieurs campagnes ont donné de l'ex-
„ périence, y ont employé toute leur adresse, en sé-
„ parant les témoins les uns des autres, pour les in-
„ terroger, en leur faisant des demandes concertées
„ entre eux pour les faire couper. Aussi Mr. le Gé-
„ néral de Baas, à qui l'esprit, l'expérience, & la
„ lecture donnent une merveilleuse vivacité pour ju-
„ ger des choses, n'a pas cru qu'on y dût rien ajou-
„ ter pour la rendre plus autentique.

„ Le témoignage de deux François est considéra-
„ ble, en ce qu'ils n'ont rien qui les oblige de fausser
„ le serment solemnel qu'ils ont fait de dire la vérité.
„ Mais ce qui doit rendre, cette histoire encore plus
„ certaine, est le témoignage de quatre Negrès qui,
„ étant séparés les uns des autres, ont tous constam-
„ ment déposé la même chose. Ceux qui connoissent
„ leur naïveté & leur stupidité, jugeront aisément
„ qu'ils ne pourroient convenir dans le même témoi-
„ gnage, s'ils n'avoient vu la même chose; & qu'ayant
„ assez peu de mémoire, il leur seroit impossible d'ap-
„ prendre en si peu de temps à feindre une si longe
„ histoire. De plus ce n'est pas une vision passagère,
„ & d'un moment, ou confuse & de nuit; ils ont vu
„ ce monstre en plein jour, & pendant une heure;
„ ils l'ont considéré à loisir; ils s'en sont entretenus,
„ & ont distinctement remarqué toutes ces particula-
„ rités qu'ils ont déposées. Ajoutez à cela que ce
„ n'est pas le premier homme marin qui a paru ....
„ (†). Celui qui parut il y a quelques années aux
„ côtes de Bretagne, proche de Belle-Isle, étoit tout

(*) On en trouvera le procès-verbal à la fin de cette Relation.

(†) Ici Mr. Chrétien cite quelques-uns des hommes marins dont nous avons parlé ci-dessus.

„ semblable à celui qui s'est fait voir cette année dans „ l'Amérique.

„ On s'est informé si les bras étoient proportionnés „ au corps, s'ils étoient plats, & si les doigts de la „ main étoient attachés ensemble; s'ils avoient des ai- „ lerons, comme on a souvent remarqué en ces sor- „ tes de monstres, qui avec cela sont plus propres à „ nager. Mais les témoins n'ayant pas fait ces ré- „ flexions, n'ont pu satisfaire la curiosité de ceux qui „ les interrogeoient; ils ont tous assuré qu'ils l'avoient „ oui souffler du nez, & qu'ils lui avoient vu passer „ la main sur le visage & sur le nez, comme pour s'es- „ suyer & se moucher. Il n'a fait aucun bruit de la „ bouche qui ait pu faire connoître s'il avoit de la „ voix (*).

„ Il est croyable que ce monstre s'étant souvent vu „ dans l'eau, comme dans un miroir, ou en ayant „ vu d'autres semblables dans les mers, regardoit ceux „ qui composoient l'équipage du canot, avec un plai- „ sir que la ressemblance fait naître. Les témoins lui „ trouvèrent le visage farouche; mais peut-être qu'un „ reste de frayeur le leur faisoit paroître plus fier qu'il „ n'étoit en effet.

„ On laisse aux curieux à conjecturer si c'est un „ monstre, ou une espece féconde; & supposé que ce „ soit un monstre de quelle manière il a pu être en- „ gendré. Nicolas Rimber rapporte que la famille „ des *Marinis* en Espagne est venue d'un Triton & „ d'une fille dont il eut la compagnie. Mais de savoir „ s'il est aussi semblable à l'homme dans les parties „ intérieures que dans les traits du visage, s'il peut „ vivre & engendrer dans l'eau; c'est aux savans à „ decider ces questions, & à nous à rapporter fidéle- „ ment ce que nous en avons appris (†)."

(*) Les hommes marins ont une sorte de voix, ou de cris, & se plaignent, au rapport de quelques modernes: ce que les anciens, n'ont par ignoré, comme on le lit dans Pline.

(†) Journal des Savans Année 1672.

Nous allons joindre à cette Relation la copie du Procès-verbal qui en atteste la verité. Quoiqu'il soit déja rapporté dans d'autres ouvrages (*), Nous croyons qu'il est essentiellement necessaire ici: c'est pourquoi nous ne faisons aucune difficulté de le répéter.

CHAPITRE LXXXIX.

COPIE d'un Verbal fait à la Martinique de l'apparition d'un homme marin sur les bords de l'Isle du Diamant.

» CEJOURD'HUI 31. Jour de Mai 1671. nous Pierre » Luce Sieur De Lapaire, Capitaine commandant les » quartiers du Diamant; sur l'avis qui nous a été donné » par le Sieur le Gras, Enseigne de notre Compagnie, » que les gens que nous avions envoyés à l'Isle » du Diamant auroient vu apparoître & distingué véritablement » un monstre marin en figure d'homme, » lequel se seroit arrêté plusieurs fois auprès d'eux, & » regardé fixèment, ce qui les auroit obligés, n'ayant » aucune arme, de se rembarquer dans leur canot » qui les avoit portés aux Isles du Diamant, pour revenir » à la grande anse d'où ils étoient partis; ce » qui nous auroit obligés de partir du quartier de la » Rivière-Pilote pour nous rendre au quartier de la » grande anse du Diamant, auquel lieu étant arrivés, » nous aurions rencontré le R. Pere Julien-Simon, » très-digne Religieux de la Compagnie de Jesus, pour » faire la mission ordinaire de temps en temps, lequel » nous auroit aussi dit qu'il en avoit été pareillement » averti, & qu'il seroit à propos d'en faire une exacte » inquisition pour en savoir la pure & sincère vérité.
» Pour à quoi vaquer nous aurions appellé auprès

(*) Telliamed, ou Entretiens d'un Philosophe Indien sur la diminution de la mer avec un Missionnaire François.

„ de nous Me. Pierre de Reuille Notaire des quartiers
„ de notre Compagnie, & le dit Sieur le Gras, & en
„ présence du R. P. Julien-Simon, aprés avoir fait
„ venir Cyprien Poyer habitant au dit quartier, Ju-
„ lien Vattemar aussi habitant, André Negre du Sieur
„ Desforges aussi habitant du quartier, Abraham Ne-
„ gre du nommé Alexandre Deschamps, & Pierre
„ Negre d'un nommé Noël le Moulle dit la Roziére,
„ tous ensemble étant ceux qui avoient vu la dite ap-
„ parition, & les ayant séparément & à part ouis,
„ d'eux pris serment de dire vérité, ont dit,

PREMIÉREMENT.

„ CYPRIEN POYER, natif de Rozé en Caux, a
„ dit & déposé ce qui suit: Qu'étant arrivé le matin
„ aux Isles du Diamant sur les sept à huit heures du
„ matin, le samedi vingt-troisiéme du mois présent,
„ & voulant s'en retourner sur le soir, environ une
„ heure avant soleil couché, le temps, étant clair &
„ serein, il auroit vu distinctement un monstre ma-
„ rin ayant la figure d'homme depuis la tête jusqu'à
„ la ceinture, & depuis la ceinture jusques en- bas la
„ figure d'un poisson, terminé par une queue four-
„ chue semblable à celle d'une Carangue. Et ayant
„ été interrogé des particularités, il a déposé ce qui
„ suit: la tête étoit semblable à celle d'un homme,
„ les yeux, la bouche de même, le nez camus, le
„ visage large & plein, la barbe grise mêlée de blanc
„ & de noir, pendante d'environ sept à huit pouces
„ & fort large, les cheveux gris, pendans sur l'extré-
„ mité des épaules, & fort plats, unis comme s'ils
„ avoient été peignés, la gorge & le reste du corps
„ médiocrement blancs, où il n'a remarqué aucunes
„ particularités, la poitrine poilue à la façon des vieil-
„ lards, la taille petite & comme d'un jeune homme
„ de seize à dix-sept ans: il s'est montré trois fois; la
„ premiére, environ à huit pas du rocher; la seconde
„ environ à quatre pas; & la troisiéme à trois pieds

» près d'eux, se tournant pour le regarder, qui étoit
» tout près dudit Islet, sortant moitié du corps hors
» de la mer, ayant la mine fière, portant la main
» plusieurs fois sur le nez & sur le visage comme pour
» s'essuyer; ce qui épouvanta le dit déposant & ses
» Compagnons, lequel n'ayant point d'armes, se rem-
» barqua après avoir vu ledit monstre s'écarter vers
» la Savane dudit Islet, & les regarder distinctement
» les uns après les autres; après quoi il se plongea en
» mer, sans qu'ils l'aient revu. C'est tout ce que le
» dit Déposant a dit sçavoir, & a posé sa marque,
» déclarant ne savoir écrire ni signer; de ce enquis
» suivant l'ordonnance, après Lecture à lui faite, a
» persisté: & sur la minute est apposée une croix,
» marque ordinaire du dit Cyprien Poyer.

SECONDEMENT.

» JULIEN VATTEMAR, âgé de dix-sept ans, a dé-
» posé en présence de son père, ce qui suit: Qu'étant
» sur le dit Islet avec le dit Déposant, il a vu un
» monstre marin ayant la figure d'homme jusqu'à
» moitié corps, le reste en façon de poisson. Il n'a
» pas distingué la queue; la tête, le visage, les joues,
» les mains, la poitrine n'ont rien de différent de la
» figure humaine; le nez étoit gros, la barbe grisâ-
» tre, longue partout également; se tenant non fort
» loin de la terre: ses oreilles étoient fort larges. Le
» dit déposant appella le monstre en sifflant, & disant
» *tais*, *tais*, comme à un barbet, & s'étant appro-
» ché par trois fois, se retira tournant souvent la tê-
» te pour les regarder; & quand il lui entroit de l'eau
» dans le nez, il la soufloit, comme un chien qui
» reniffle. Ce sont tous les propos tenus & dont le dit
» déposant s'est servi; & tout vis-à vis la Savane alla
» au fond sans qu'il l'ait revu. C'est tout ce que le
» déposant a dit savoir, & a mis sa marque en pré-
» sence de son père, à qui il a souvent fait la même
» déclaration; & sous la déposition, à la minute est

„ apposé un J. & un V, marque ordinaire du dit Ju-
„ lien Vattemar, & signé Vattemar.

Troisiémement.

„ Abraham, Negre du dit Alexandre Deschamps,
„ d'environ dix-neuf ans, a déposé ce qui suit: Qu'il
„ a vu un homme bâti comme un homme, la tête
„ grosse comme une Personne, les cheveux gris & la
„ barbe grise, large, & le nez gros, la poitrine poil-
„ lue de poil gris, la queue large & fendue comme
„ une carangue. Il les regardoit entre deux yeux;
„ le Déposant voulut le prendre avec une ligne, ayant
„ pourtant bien peur, se tenant sur les rochers pour
„ le regarder. Il a reniflé comme une personne; il
„ a fait trois plongeons, & ils ne l'ont plus vu, la
„ mer étant devenue trouble, ils ne l'ont point vu
„ depuis; c'est la manière dont il a fait sa déposition;
„ à quoi il n'a rien voulu changer.

Quatriémement.

„ André, Negre du Sieur Desforges, a déposé ce
„ qui suit: j'ai vu bête faite comme homme dans la
„ mer; cheveux longs, épaules, un poil gris; barbe
„ ly gris, large comme main; par devant le corps
„ tout de-même comme homme, le cou blanc, poil
„ gris sur le sein, la queue tout de même comme ca-
„ rangue: ly veny trois fois sur l'eau, & gardé nous
„ toujours avec ses gris yeux; my teny mouche per
„ ly faire; autre Negre coury après ly pour prendre
„ comme ligne, luy cacher dans la mer, & puis pu
„ voir lui.

Cinquiémement.

„ Pierre, Negre du dit Noël le Moulle de la Ro-
„ zière, a déposé ce qui s'ensuit, & dit: moi miré
„ un homme en mer du Diamant, moi miré lui trois

„ fois; lui teny tête, bon visage de ly comme monde; ly teny grand barbe gris, ly sorty hors de l'eau, regardé nous. Je vous moi prendre lui dans ains pour prendre lui, moi teny petit peur, non pas grand, non; & puis lui, & puis lui caché: lui souvent gardé nous, & pourtant lui teny queue comme poisson. Ce sont les termes du dit Déposant.

„ Et Pierre, Negre du dit Sr. le Gras, âgé d'environ 22 ou 23 ans, a déposé & dit: Moi miré bête, lui teny yeux, teny barbe, teny mains, teny épaules tout comme homme, teny cheveux & barbe grise, non pas blanc: moi non pas miré bien lui, parce que lui etoit dans l'yau, lui sembloit pourtant poisson, moi teny peur, autre dire, c'est un ange monde; lui regardé plusieurs fois; lui allé contre Savanne, & puis lui caché dans l'yau, & moi non miré lui davantage: & c'est la manière de parler du dit Déposant.

„ Ce sont les dépositions de tous ceux qui étoient dans le dit Canot, qui ont persisté plusieurs jours dans leurs depositions; savoir depuis le vingt-trois du dit présent mois jusques à ce jour.

„ Fait à la grande anse du Diamant le jour & an que dessus, en présence des témoins ci-dessus signés. Ainsi signé sur la minute, Julien-Simon de la Compagnie de Jesus, la Paire, le Gras, J. Gasteau, Alex. Barbier, Claude Barbe, Martin de J. N. Dupuy, & de Beuille avec paraphe, Greffier.

„ Collationné sur la minute par le Notaire Royal, en cette Isle de la Martinique soussigné, ayant celle des précèdens Notaires du quartier du Diamant & autres quartiers circonvoisins. Delivré ces présentes à M. de Hauterive, au Diamant de ladite Isle, Etude du dit Notaire soussigné, le 6 Juin 1722. *Signé* GOGUET."

CHAPITRE XC.

Homme marin pêché en 1737, près d'Exeter en Devonshire.

Extrait du Wonderful Magazine for September 1764.

En 1737, des pêcheurs jettant leurs filets près d'Exeter, furent surpris en le retirant, d'en voir sortir une espece d'animal à figure humaine qui resauta dans l'eau aussi-tôt & se mit à nager. Les pêcheurs lui donnèrent la chasse à force de rame; & ne pouvant le prendre vif, ils lui porterent plusieurs coups de perche, & le prirent à demi mort: il soupiroit comme un homme. Ils avoit deux especes de pieds antérieurs, ou de mains, dont les doigts étoient unis ensemble par une membrane comme les pattes d'un canard. Du reste il avoit les yéux, le nez & la bouche parfaitement ressemblants à ceux de l'homme: seulement il avoit le nez écrasé & aplatti. La partie inférieure de son corps se terminoit en une queue semblable à celle d'un saumon. La longueur de ce poisson-homme étoit de quatre pieds depuis l'extrémité de la queue jusqu'au sommet de la tête.

CHAPITRE XCI.

Extrait des Dialogues faits à l'imitation des Anciens par Oratius Tubaro (Lamotte-le-Vayer), *au sujet des hommes marins: Dialogue II. intitulé*, le Banquet Sceptique.

„ Les Portugais ont trouvé aux Indes Orientales „ leur Pescadomuger (*) si ressemblant à la femme, „ qu'ils lui en ont donné toutes les fonctions. C'est „ le même poisson avec lequel les Negres du Mozam„ bique disent se raffraîchir grandement, en en abusant „ même étant mort. Ce qui me fait encore douter „ qu'il pourroit être aussi le même qu'Agatarchides „ appelle *Æthiops* (†), & lequel au commencement „ les pêcheurs ne vouloient ni vendre ni manger, à „ cause de sa forme & ressemblance humaine. A quoi „ les Syrènes & Néréides des Anciens (‡) semblent „ pouvoir être rapportées; & peut-être ce que Ni„ colò Conti nous conte, qu'en la rivière qui passe à „ Cochin, il se trouve des poissons de forme si hu„ maine, qu'étant pris, comme ils sont souvent, on „ y remarque jusqu'à la différence du sexe aux mâles „ & aux femelles, toute pareille à la nôtre; ajoutant „ qu'ils ont bien l'industrie, sortant de l'eau la nuit, „ de tirer du feu des cailloux qu'ils trouvent, & en „ allumer du bois, à la lueur duquel ils prennent les „ autres poissons qui accourent.

„ Les Uros d'Acosta (§), qui habitent la grande „ Lagune Titicaca, se disoient n'être pas hommes,

(*) Poisson-femme.
(†) Apud Photium.
(‡) Plin. Hist. Nat. Lib. IX. Cap. V. Ce passage est rapporté en entier dans le Chapitre suivant.
(§) Liv. III. Chapitre XVIII.

» mais Uros ſeulement; & à la vérité il nous les dé-
» crit, comme une différente eſpece d'hommes aqua-
» tiques. Sur quoi je ne puis me tenir de vous ex-
» poſer ici la penſée d'un des plus ſublimes & méta-
» phyſiques eſprits de ce temps (*), qui s'étoit per-
» ſuadé que le genre-humain étoit originaire de quel-
» ques Tritons ou femmes marines; ſoit qu'il eût
» égard à l'opinion de Thalès qui tenoit l'eau pour le
» ſeul élément de toutes choſes.

'Ωκεανόν τε θεῶν γένεσιν καὶ μητέρα τηθύν.
Oceanum Divum genesim Tethymque parentem.
Homer.

» Soit qu'il regarde les cataclîſmes & déluges univer-
» ſels, après leſquels ne reſtant plus que les animaux
» aquatiques, il crut que par ſucceſſion de temps, ils
» ſe faiſoient amphibies, & puis après terreſtres tout-
» à fait: ſon opinion ſe trouvant auſſi fort authoriſée
» de celle des Egyptiens dans Diodore de ſicile, (†),
» qui tenoient l'homme, *lacuſtre animal & paludibus*
» *cognatum.*»

CHAPITRE XCII.

Extrait du neuvième Livre de l'Hiſtoire Naturelle de Pline.

ENFIN les anciens n'ont pas ignoré l'exiſtence des hommes marins & des femmes marines. Ce ſont leurs Tritons, leurs Syrênes, leurs Néréides, & quoiqu'ils aient mêlé beaucoup de fables à ce qu'ils en ont dit, le tout n'eſt pas ſans fondement.

(*) D. Polo.
(†) Lib. I.

On lit dans Pline ce qui suit: „ Du regne de l'Empereur Tibère, ceux de Lisbonne lui envoyèrent „ des Ambassadeurs exprès, pour l'avertir qu'en leur „ côte de mer on avoit decouvert un Triton jouant „ du cornet en une caverne, & qu'il étoit tel qu'on „ les dépeint ordinairement. Quant aux Néréides ou „ Syrènes, elles ont véritablement le corps tel qu'on „ les dépeint: hormis qu'elles sont apres & écaillées, „ ès parties esquelles elles retirent à la figure humaine; „ car on en a vu en la même côte & plage; & même „ les gens du pays en ont oui plaindre une de loin „ lorsqu'elle mourut.

„ D'ailleurs le Gouverneur des Gaules a certifié à „ l'Empereur Auguste par lettres expresses qu'on avoit „ trouvé sur la plage plusieurs Néréides mortes. *Item*, „ j'ai pour témoins plusieurs hommes d'armes Romains, gens d'honneur & de credit, qui m'ont affirmé avoir vu en la côte d'Espagne un homme „ marin, ayant entiérement forme d'homme, & disoient qu'il se jettoit de nuit dans les fustes & brigantins, & qu'il étoit si pesant & si actif qu'il les „ faisoit enfoncer la part où il étoit.

„ Du temps de l'Empereur Tibère, ès côtes de Bretagne, la mer se retirant laissa sur la greve, en une „ certaine Isle, plus de 300 bêtes marines, de grandeur & varieté admirables, & on en trouva quasi „ autant ès côtes de Saintonge sur la Rochelle: entr'autres bêtes on y trouva des éléphans & des béliers qui avoient les cornes comme les terrestres, „ hormis qu'elles étoient blanches, & même y avoit „ plusieurs Néréides (*)."

CHA-

(*) Traduction de Dupinet.

CHAPITRE XCIII.

Homme marin & femme marine vus dans le Nil en 592.

Il s'en faut bien que j'aie épuisé toutes les relations des hommes marins & des femmes marines. En voici encore quelques-unes aussi-bien constatées que les précédentes.

„ En l'année 592. le 18 du mois de Mars, un Officier d'une des villes du Delta, ou de la Basse-Egypte, se promenant le soir avec quelques-uns de ses amis sur les bords du Nil, ils apperçurent assez proche du rivage un homme marin suivi de sa femelle, le mâle s'élevant souvent sur l'eau jusqu'à ses parties naturelles, & la femelle seulement jusqu'au nombril. L'homme avoit l'air féroce & le regard affreux, les cheveux roux & un peu hérissés, la peau brune; il étoit semblable à nous par les parties que l'on appercevoit. Au contraire l'air du visage de la femme étoit doux; elle avoit les cheveux longs, noirs & flottans sur les épaules, le corps blanc, les mammelles enflées. Ces deux monstres restèrent près de deux heures à portée de la vue de cet Officier, de ses amis, & de tous ceux du voisinage accourus au bruit d'un fait si extraordinaire. Ils parurent une heure avant le coucher du soleil; & il n'y eût que les ténèbres de la nuit qui les dérobèrent aux yeux des spectateurs. On en dressa une attestation signée de l'Officier & de plusieurs autres témoins; & elle fut envoyée à l'Empereur Maurice qui régnoit alors à Constantinople (*).

La description de la femme marine s'accorde fort bien avec celle du *Puce muger* dont il a été parlé ci-dessus

(*) Telliamed, Tome II.

(*): une figure douce, un corps blanc, des mammelles larges, pleines & enflées. Seulement celle-ci avoit de longs cheveux noirs & flottans sur ses épaules, comme celle que vit le Capitaine Schmidt en 1614 (†), au lieu que celle dont Redi, Kircher & Ruysch font mention les avoit plus courts.

Du reste ces deux poissons à figure humaine se montrèrent une heure avant le coucher du soleil, ainsi que l'homme marin vu sur les bords de l'Isle du Diamant.

CHAPITRE XCIV.

Homme marin vu par le Sr. Larcher, habitant du Fort-Royal.

J'AJOUTERAI un fait notoire à la Martinique, & postérieur de plus de trente ans à celui de 1671. que j'ai rapporté.

„ Le Sr. Larcher, habitant du lieu, revenant un „ jour au Fort-Royal de l'habitation qu'il avoit aux „ trois Isles, & étant dans son canot armé de huit „ Negres, la tête tournée à la mer d'un côté, & les „ Negres de l'autre, ceux-ci s'écrièrent tous à la „ fois: *Un Bequet à la mer*; ce qui dans leur langage „ signifie, *un homme blanc à la mer*. A ce cri, le Sr. „ Larcher ayant tourné la tête vers eux, n'apperçut „ plus que le bouillonnement des flots à l'endroit où „ le monstre avoit disparu. Les huit Negres attestè„ rent séparément qu'ils avoient vu un homme tel „ que les blancs élevé sur la mer, de la ceinture en „ haut, & les regardant; ajoutant qu'il s'étoit enfon-

(*) Chapitre LXXXIV.
(†) Voyez ci-dessus Chapitre LXXX.

„ eû dans la mer au moment qu'ils avoient crié, *un*
„ *Bequet* (*)."

CHAPITRE XCV.

Une femme & une fille marines.

APRÈS cette multitude de témoignages & de relations au sujet des hommes & des femmes aquatiques, on voit que „ ces exemples ne sont pas aussi rares „ qu'on pourroit se l'imaginer; & s'il se rencontre „ de ces hommes marins dans les mers les plus fré„ quentées, n'est-il pas vraisemblable qu'ils doivent „ se rencontrer encore en plus grand nombre dans „ celles qui baignent des côtes desertes?

„ On lit dans l'Histoire de Portugal & dans les Re„ lations des Indes Orientales, que s'étant fait un jour „ une pêche à la pointe de l'Inde d'une troupe de „ Tritons, ou hommes marins, on ne put en faire „ parvenir au Roi Dom-Emmanuel qui régnoit alors, „ qu'une femme & une fille, tous les autres au nom„ bre de quinze étant morts, ou aussi-tôt après leur „ sortie de la mer, ou dans le trajet des Indes à Lis„ bonne. Cette femme & cette fille étoient d'une „ tristesse extrême: rien ne pouvoit les rejouir; & el„ les mangeoient si peu qu'elles diminuoient à vue „ d'œil. Le Roi touché de leur état, & peut-être „ poussé d'un esprit de curiosité, ordonna qu'après les „ avoir attachées d'une chaîne légere, on leur lais„ sât la liberté de retourner à la mer dans quelque „ endroit de peu de fond. On ne les eut pas plûtôt „ mises en état de le faire, qu'elles s'y jettent avec „ empressement, & que, s'y étant plongées, elles jouè„ rent ensemble, & firent dans l'eau, où on les re-

(*) Telliamed, Tome II.

„ marquoit parfaitement, cent tours qui témoignoient „ leur satisfaction & leur joie. On les y laissa plus de „ trois heures, sans que jamais dans cet intervalle „ elles s'élevassent au dessus de l'eau pour respirer. „ Depuis ce jour-là, où le Roi & toute la Cour eu- „ rent la satisfaction d'être témoins d'un spectacle si „ nouveau, on continua de les mener tous les jours „ au même rivage, & de les laisser jouir du même „ plaisir, à la faveur duquel elles vécurent encore „ quelques années. Mais jamais elles ne purent ap- „ prendre à articuler une seule parole (*)."

Ainsi les savans de Harlem entreprirent inutilement de faire parler la Syrène prise en Westfrise, laquelle conserva aussi un instinct marqué pour l'eau, comme les deux dont on vient de parler.

CHAPITRE XCVI.

Homme marin conduisant une petite barque.

„ Le fait que je vais rapporter est d'une autre es- „ pece, & encore plus singulier. Sur la fin du siécle „ dernier, un vaisseau Anglois de la ville de Hull, „ située à soixante milles de Londres sur la côte sep- „ tentrionale d'Angleterre, étant à la pêche de la ba- „ leine dans les mers de Groenland, à cent cinquante „ lieues de terre, se trouva environné vers le midi „ de soixante ou quatre-vingts petites barques, dans „ chacune desquelles il y avoit un homme. On ne „ les eut pas plûtôt découvertes, que les chaloupes du „ vaisseau firent force de rames pour en joindre quel- „ ques unes: mais ceux qui montoient ces barquettes, „ qu'ils conduisoient avec deux petites rames, s'en „ étant apperçus, & voyant que les chaloupes les „ gagnoient, plongèrent tous à la fois dans la mer avec

(*) Là-même.

„ leurs barques, ſans que de tout le jour il en reparut
„ une ſeule. Celle-ci revint ſur l'eau un inſtant après,
„ parce qu'en plongeant une de ſes rames s'étoit caſſée.
„ Après quatre heures de chaſſe, & cent nouveaux
„ plongeons que faiſoit la barquette à meſure que les
„ chaloupes approchoient, elle fut priſe enfin avec ce-
„ lui qui la conduiſoit. On le mena à bord du vaiſſeau,
„ où il vecut vingt jours, ſans jamais avoir voulu pren-
„ dre aucune nourriture, & ſans jetter aucun cri, ni
„ pouſſer aucun ſon qui pût donner à connoître qu'il
„ eût l'uſage de la parole, ſoupirant pourtant ſans
„ ceſſe, & les larmes coulant de ſes yeux. Il étoit
„ fait comme nous avec des cheveux & une barbe aſ-
„ ſez longue; mais de la ceinture en bas ſon corps
„ étoit tout couvert d'écailles.

„ A l'égard de la barquette elle avoit huit à neuf
„ pieds de longueur, & étoit fort étroite ſurtout aux
„ extremités. Les membres en étoient d'os de poiſ-
„ ſon, juſqu'au ſiége ſur lequel l'homme étoit placé.
„ Elle étoit couverte en dedans & en dehors de peaux
„ de chien marin bien couſues les unes aux autres.
„ Cette eſpece d'embalage étoit ouvert au milieu de
„ la grandeur néceſſaire pour y introduire le rameur;
„ & cette ouverture étoit garnie d'une eſpece de bour-
„ ſe ou de ſac de la même peau, dont l'homme in-
„ troduit dans la barque juſqu'à mi-corps ſe ceignoit
„ ſi parfaitement avec des bandes auſſi de peau de
„ chien marin, que l'eau ne pouvoit y entrer De-
„ vant lui étoient deux morceaux de la même peau
„ attachés ſur la couverture, où ils formoient deux
„ eſpeces de poches. Dans l'une on trouva des lignes
„ & des hameçons faits auſſi d'os de poiſſon; & dans
„ l'autre des poiſſons qui paroiſſoient avoir été pris
„ depuis peu. A côté du rameur étoient deux peti-
„ tes rames, attachées au batteau ou panier par deux
„ bandes faites auſſi de peau de chien marin. Tout
„ cet attirail, avec l'homme deſſéché, ſe voit encore
„ aujourd'hui à Hull dans la ſalle de l'Amirauté; &
„ le Procès-verbal de cette découverte, dûment atte-

„ ftée par le Capitaine du vaiffeau & par tout l'Equi-
„ page, fe trouve dans les archives de cette Juris-
„ diction."

Quoique la relation de cet homme marin ne dife point que la partie inférieure de fon corps fût terminée en queue de poiffon, on peut raifonnablement le conjecturer d'après ces paroles, que *de la ceinture en bas fon corps étoit tout couvert d'écailles*, lefquelles m'autorifent à le mettre au nombre des bimanes, & à le croire de la même efpece que le monftre vu fur les bords de l'Isle du Diamant. J'avoue néanmoins que fans cette circonftance, celle du procès-verbal, & l'exiftence des pièces confervées encore aujourd'hui à Hull dans la falle de l'Amirauté, je ferois tenté de prendre cet homme marin pour un pêcheur, de ceux dont il eft parlé dans l'Hiftoire Naturelle & morale des Isles Antilles, par le Sr. de Rochefort, dont nous allons donner un extrait. La forme & la matière des batteaux de ces pêcheurs font abfolument les mêmes que la forme & la matière de la barquette de cet homme marin; & quant au grand éloignement de terre, on fait que ces pêcheurs font des courfes confidérables. La crainte d'en impofer au Lecteur dans la moindre chofe, & de mêler des récits faux ou douteux à des faits avérés m'oblige de tranfcrire ce qui fuit.

CHAPITRE XCVIII.

Extrait de l'Hiftoire Naturelle & morale des Isles Antilles, par le Sr. de Rochefort, Livre I. Chapitre XVII.

„ Un Capitaine étant parti de Zelande fur la fin
„ du printemps de l'an 1656, en intention de décou-
„ vrir quelque nouveau commerce dans les terres du
„ Nord, arriva fur la fin du mois de Juin dans le *Dé-*

„ *troit de Davis*, d'où étant entré dans une rivière „ qui commence au soixante quatrième degré & dix „ minutes de la Ligne en tirant vers le Nord, il fit „ voile jusques au septante-deuxième. ...

„ Dès que les habitans du pays qui étoient à la pê- „ che eurent apperçu le Navire, ils le vinrent recon- „ noître avec leurs petits esquifs qui ne sont faits que „ pour porter une seule personne. Les premiers, qui „ s'étoient mis en ce devoir, en attirèrent tant d'au- „ tres après eux, qu'ils composèrent en peu de temps „ une escorte de soixante & dix de ces petits vaisseaux „ qui n'abandonnèrent point ce navire étranger, jus- „ ques à ce qu'il eût mouillé à la meilleure rade, où „ ils lui témoignèrent par leurs acclamations, & par „ tous les signes de bienveillance, qu'on peut atten- „ dre d'une nation si peu civilisée, la joie extraordi- „ naire qu'ils avoient de son arrivée. Ces petits vais- „ seaux sont si admirables, soit qu'ils soient considé- „ rés en leur matière, soit qu'on ait égard à la mer- „ veilleuse industrie dont ils sont façonnés, ou à la „ dextérité incomparable avec laquelle ils sont con- „ duits, qu'ils méritent bien de tenir le premier rang „ dans les descriptions que cette agréable digression „ nous fournira.

„ Ils sont composés de petits bois déliés, desquels „ la plûpart sont fendus en deux comme des cercles. „ Ces bois sont attachés les uns aux autres avec de „ fortes cordes qui sont faites de boyaux de poissons, „ qui les tiennent en arrêt, & leur donnent la figure „ qu'ils doivent avoir, pour être propres aux usages „ auxquels ils sont destinés. Ils sont couverts en de- „ hors de peaux de chien marin, qui sont si propre- „ ment cousues ensemble, & si soigneusement endui- „ tes de resine à l'endroit des coutures, que l'eau ne „ les peut aucunement pénétrer.

„ Ces petits bâteaux sont ordinairement de la lon- „ gueur de quinze à seize pieds, & ils peuvent avoir „ par le milieu où ils ont plus de grosseur, environ „ cinq pieds de circonférence. C'est aussi dès cet en-

» droit qu'ils vont en diminuant, desorte que les extrémités aboutissent en pointes, qui sont munies d'os blancs, ou de dépouilles de Licornes. Le dessus est tout plat & couvert de cuir de-même que le reste, & le dessous a la forme du ventre d'un gros poisson: de sorte qu'ils sont très-propres à couler sur les eaux. Ils n'ont qu'une seule ouverture qui est directement au milieu de tout l'édifice. Elle est rélevée tout à l'entour d'un bord de côte de baleine, & elle est faite à proportion, & de la grosseur du corps d'un homme. Quand les sauvages qui ont inventé cette sorte de petits vaisseaux s'en veulent servir, soit pour aller à la pêche, ou pour se divertir sur la mer, ils passent par cette ouverture leurs jambes & leurs cuisses, & s'étant mis sur leur séant, ils lient si serrément la casaque qui les couvre avec le bord de cette ouverture, qu'ils semblent être entés sur cet esquif, & ne faire qu'un corps avec lui.

» Voilà pour ce qui concerne la figure & la matière de ces petits vaisseaux. Considérons à-présent l'équipage des hommes qui les gouvernent. Quand ils ont dessein d'aller sur mer, ils se couvrent par dessus leurs autres habits d'une Casaque laquelle n'est destinée à aucun autre usage. Cet habit de mer est composé de plusieurs peaux, dénuées de leur poil, qui sont si bien préparées & unies ensemble, qu'on le croiroit être fait d'une seule piéce. Il les couvre depuis le sommet de la tête jusques au dessous du nombril. Il est enduit partout d'une gomme noirâtre, laquelle ne se dissout point dans l'eau, & qui l'empêche de percer. Le capuchon, qui couvre la tête serre si bien sous le cou & sur le front, qu'il ne leur laisse rien que la face à découvert. Les manches sont liées au poignet, & le bas de cette casaque est aussi attaché au bord de l'ouverture du vaisseau, avec tant de soin, & avec une telle industrie, que le corps qui est ainsi couvert, se trouve toûjours à sec au milieu des flots qui ne

„ peuvent mouiller avec tous leurs efforts que le vi-
„ ſage & les mains.
„ Encore qu'ils n'aient ni voiles, ni mât, ni gou-
„ vernail, ni compas, ni ancre, ni aucune des piè-
„ ces de tout ce grand attirail qui eſt requis pour
„ rendre nos navires capables d'aller ſur la mer; ils
„ entreprennent néanmoins de longs voyages, avec
„ ces petits vaiſſeaux ſur leſquels ils ſemblent être cou-
„ ſus. Ils ſe connoiſſent parfaitement bien aux étoi-
„ les, & ils n'ont beſoin d'autre guide pendant la
„ nuit. Les rames, dont ils ſe ſervent, ont une lar-
„ geur à chaque bout en forme de palette; & afin
„ qu'elles puiſſent couper plus aiſément les flots, &
„ qu'elles ſoient de plus grande durée, ils les enrichiſ-
„ ſent d'un os blanc qui couvre les extrémités du bois,
„ ils en garniſſent auſſi les bords des palettes, & ils y
„ attachent cet ornement avec des chevilles de corne
„ qui leur ſervent au lieu de clous. Le milieu de ces
„ rames, eſt embelli d'os, ou de corne précieuſe, de-
„ même que les bouts, & c'eſt par-là qu'ils les tien-
„ nent de peur qu'elles ne leur coulent des mains. Au
„ reſte, ils manient ces doubles rames avec tant de
„ dextérité & de vîteſſe, que leurs petits vaiſſeaux
„ devancent aiſément les Navires qui ont deployé
„ toutes leurs voiles, & qui ont le vent & la marée fa-
„ vorable. Ils ſont ſi aſſurés dans ces petits eſquifs,
„ & ils ont une ſi grande adreſſe à les conduire, qu'ils
„ leur font faire mille caracoles, pour donner du di-
„ vertiſſement à ceux qui les regardent. Ils s'eſcri-
„ ment auſſi quelquefois contre les ondes avec tant
„ de force & d'agilité, qu'ils les font écumer, com-
„ me ſi elles étoient agitées d'une rude tempête, &
„ pour lors on les prendroit plûtôt pour des monſtres
„ marins qui s'entrechoquent que pour des hommes.
„ Et même pour montrer qu'ils ne redoutent point
„ les dangers, & qu'ils ſont en bonne intelligence avec
„ cet élement qui les nourrit & les careſſe, ils font
„ le moulinet, ſe plongeans & roulans en la mer,

„ par trois fois consécutives, de sorte qu'ils peuvent
„ passer pour de vrais amphibies.

„ Quand ils ont dessein de faire quelques voyages
„ plus longs que les ordinaires, ou quand ils appré-
„ hendent d'être jettés bien avant en pleine mer par
„ quelque tempête, ils portent dans le vuide de leur
„ vaisseau, une vessie pleine d'eau douce pour étan-
„ cher leur soif, & du poisson séché au soleil ou à la
„ gelée, pour s'en nourrir à faute de viandes fraîches.
„ Mais il arrive rarement qu'ils soient réduits à re-
„ courir à ces provisions: car ils ont certaines fleches
„ en forme de petites lances qui sont attachées sur
„ leurs bateaux & lesquelles ils savent darder si vive-
„ ment sur les poissons qu'ils rencontrent, qu'il n'ar-
„ rive presque jamais qu'ils soient sans ces rafraîchis-
„ semens. Ils n'ont pas besoin de feu pour cuire leurs
„ viandes, parce que sur la mer & sur la terre, ils
„ sont accoûtumés à les manger toutes crues; ils por-
„ tent aussi certaines dents de gros poissons, ou des
„ broches d'os fort pointues qui leur tiennent lieu de
„ couteaux, car ils s'en servent pour éventrer & tran-
„ cher les poissons qu'ils ont pris. Au reste il ne peut
„ point y avoir de débats dans ces vaisseaux, puis-
„ qu'un seul homme en est le maître, le matelot, le
„ pourvoyeur, & le pilote, qui le peut arrêter quand
„ bon lui semble, ou l'abandonner au gré du vent &
„ de la marée, lorsqu'il veut prendre le repos qui lui
„ est nécessaire pour réparer ses forces. En ce cas il
„ accroche sa rame à des courroies de cuir de cerf qui
„ sont préparées à cet usage, & qui sont attachées par
„ bandes au dessus de ce batteau; ou bien il la lie à
„ une boucle laquelle pend au devant de sa casaque."

Si le récit du Chapitre précédent n'est point une altération de celui-ci, la comparaison de ces deux faits rapproche l'homme marin de l'homme sauvage non seulement pour la figure extérieure, mais, ce qui est plus singulier, pour l'industrie, & les mœurs. Ces hommes marins, vus à cent-cinquante lieues de terre, avoient dû pourtant y construire leurs barquettes, &

prendre le bois néceſſaire pour faire les rames dont ils ſe ſervoient. Il étoit encore néceſſaire qu'ils raccommodaſſent leurs petites barques dans les lieux où ils les avoient conſtruites: ils avoient par conſéquent des connoiſſances pour retourner dans ces mêmes lieux, ſoit qu'ils les tiraſſent de la diſpoſition des étoiles, comme les ſauvages pêcheurs dont nous venons de parler, ou du fond des mers ſous leſquelles ils pouvoient reſter, & où peut-être ils avoient leurs femelles & leur famille. Mais ces circonſtances ne ſont pas de mon ſujet actuel (*).

CHAPITRE XCVIII.

Quelques animaux marins, de l'eſpece des cétacées, à la fois bimanes & bipedes.

Le veau marin: paſſage des Cétacées aux Quadrupedes.

Le veau marin marque le paſſage des cétacées aux quadrupedes. Les autres cétacées, preſque tous bimanes, ont la portion inférieure de leur corps terminée en queue de poiſſon, c'eſt même la forme des hommes marins & des femmes marines. Dans le veau marin, cette queue partagée en deux parties égales & digitées à leur extrêmité, eſt ainſi transformée en deux pieds oſſeux & charnus. La croupe eſt même tout-à-fait ſemblable à celle d'un quadrupede, les jambes ſont raccourcies, & le pied eſt terminé par quatre doigts articulés, & liés enſemble par une membrane épaiſſe & ſouple. Les cuiſſes & les jambes allongées, ſerrées & collées l'une contre l'autre, adhèrent enſemble & la ſéparation ne commence qu'un peu au deſſus des pieds:

(*) Voyez Telliamed, Tome II.

ce qui indique assez visiblement que dans l'espece supérieure, elle formoient une queue de poisson. Les bras cachés sous la peau ne laissent voir que les mains qui n'ont, comme les pieds, que quatre doigts articulés. Ces mains ne sont pas si parfaites que celles de quelques-uns des cétacées dont nous avons fait mention ci-dessus; comme si la Nature occupée à travailler les pieds, avoit négligé les membres antérieurs. Cependant les doigts des mains sont séparés, sans membrane qui les unisse ensemble, comme ceux des pieds. Cet animal n'a aucune apparence de nageoire; mais il porte une queue longue d'un peu plus d'un pouce, qui ne tient rien de la queue d'un poisson, mais fort semblable à celle d'un cerf. La peau dure & épaisse est garnie d'un poil court très ressemblant à celui du veau terrestre. La tête a quelque ressemblance avec celle du veau surtout par le museau. Cet animal est amphibie.

CHAPITRE XCIX.

Espece particulière de Poisson à pieds humains.

Je trouve dans le supplément à la Description de 300 animaux, publiée en Anglois à Londres, il y a plusieurs années, la figure d'une espece particulière de poisson beaucoup plus homme par la partie inférieure de son corps que par la partie supérieure. La grandeur & la proportion du corps sont celles d'un petit homme de quatre pieds & demi : la peau est blanche & polie, sans poil ni écailles. La tête n'a rien d'humain : elle est grosse portée sur un cou court, gonflé & fortement musclé. Les épaules sont chargées chacune d'une nageoire épaisse en forme d'aile de Cherubin : les hanches ont aussi chacune une nageoire plus petite, dont les sommets ne sont ni aussi marqués ni aussi élevés que ceux des nageoires supérieures. La queue aussi grande que tout le corps y compris la tête, ressemble à celle du Dauphin. Tout cela n'a presque aucun rapport avec la figure humaine; mais immédiatement au dessous des petites nageoires, les hanches se prolongent, prennent la forme de cuisses, auxquelles sont attachées deux petites jambes terminées chacune par un pied d'homme, aussi bien fait qu'il puisse l'être, ayant un talon, & une forme tout-à-fait semblable à nos pieds, excepté qu'on n'y remarque à l'extérieur aucune apparence de doigts; mais ces doigts sont cachés sous la peau, & on les sent au toucher. Le sexe, tant du mâle que de la femelle, n'est pas entiérement semblable à celui de l'homme & de la femme, quoiqu'il en approche beaucoup. Le ventre & la poitrine ont aussi quelque chose d'humain dans l'un & dans l'autre. Cet animal peut se tenir élevé au-dessus de l'eau à mi-corps, comme les hommes marins & les femmes marines dont nous avons fait mention; il est aussi vivipare.

Voilà une espece très particulière de triton & de syrène, qui nous offre un poisson enté sur la partie inférieure d'un homme, au lieu que les autres nous ont montré un homme enté sur la queue d'un poisson.

La Nature n'est pas parvenue tout d'un coup à cette grande perfection des pieds. Le poisson que les Anglois nomment *Kingstons* est une ébauche du *Mermaid*, nom qu'ils donnent à la femelle du poisson à pieds humains. Le Kingstone a deux prolongemens osseux & charnus au même endroit, c'est-à-dire sous les nageoires inférieures; ce sont deux especes de membres informes, à peu près de la même grosseur dans toute leur longueur, sans distinction de cuisses ni de jambes, & surtout sans apparence de pied, mais terminés en pointe fort obtuse.

ONZIEME PARTIE.

CHAPITRE C.

Des Quadrupedes. 1. Les Solipedes.

Les quadrupedes remplissent l'intervalle qu'il y a des bimanes aux quadrumanes. Les mains, que le prototype avoit acquises par tant de changemens & de métamorphoses, se resserrent; les doigts s'unissent: la matière des ongles surabonde, se durcit, s'étend, & se gonfle; ainsi se forment le sabot & le pied du Cheval. Sous cette enveloppe grossière, l'anatomie a retrouvé les os du carpe & du métacarpe; & en remontant plus haut elle a reconnu l'analogue du poignet de l'homme, puis le bras qui répond à l'avant-bras humain, & enfin l'humerus & l'omoplate qui composent l'épaule du cheval, & répondent au bras & à l'épaule de l'homme: le coude est placé en arrière, comme dans l'homme. Les pieds antérieurs du cheval & des autres solipedes sont donc les mains des bimanes altérées ou dégénérées, auxquelles on a donné le nom de pieds, parce que l'étrange altération qu'elles ont souf-ferte par le prolongement de certaines parties, le raccourcissement de quelques autres, & surtout par l'union des doigts en un seul, & le renflement excessif de la substance des ongles, leur a fait perdre leur ancien usage, desorte que dans cet état l'animal ne peut plus s'en servir qu'à marcher.

Les jambes de derrière du cheval comparées à celles de l'homme offrent des similitudes aussi frappantes. La fesse du cheval qui renferme le fémur, correspond à la cuisse de l'homme; ce qu'on appelle la cuisse dans le cheval, savoir cette partie de la jambe de derrière, la première qui soit détachée du corps, laquelle depuis le bas des fesses jusqu'au jarret, correspond à la jambe de l'homme, aussi elle a une partie charnue qui est l'analogue du gras de notre jambe, & qu'on nomme pour cela le grasset. Le jarret est la jointure qui est au bas de la cuisse : cette articulation a rapport au coude-pied de l'homme, c'est-à-dire au tarse. La partie du jarret qui est en arrière, & que l'on appelle la pointe du jarret, est proprement le talon : ce que l'on appelle vulgairement le gros nerf du jarret, qui se termine à la pointe du jarret, est un tendon qui correspond au tendon d'Achille, attaché au talon de l'homme. Au dessous du jarret on trouve le canon dont les os représentent ceux du metatarse de l'homme.

Ce ne sont pas-là les seules ressemblances du squelette du cheval avec celui de l'homme. Qu'on lise l'excellente Description que Mr. Daubenton a faite de cet animal, & dont j'ai extrait ce que je viens de dire, on y verra que le bassin y est composé des mêmes os que celui de l'homme, seulement avec des proportions & une situation différente qu'exigeoit l'attitude du cheval : par exemple, les os des Iles ou des hanches sont en avant, les os pubis en dessous, & les os ischions en arrière ; on verra que la tête du cheval est composée à peu près du même nombre d'os que celle de l'homme, que ces os se correspondent & ont beaucoup de ressemblance par leur figure & leur position dans l'un & dans l'autre, quoiqu'il y ait de grandes différences dans leurs proportions, & dans la figure totale qui résulte de leur assemblage ; on sera frappé de la vérité des rapports & de leur multitude, l'on s'étonnera que la première espece des quadrupedes réunisse déja tant de formes humaines ; on remarquera „ dans les parties même qui contribuent le plus à la „ varieté de la figure extérieure, une prodigieuse ressemblance qui nous rappelle nécessairement l'idée „ d'un premier dessein sur lequel tout semble avoir „ été conçu : le corps du cheval, qui du premier coup „ d'œil paroît si différent du corps de l'homme, lors-

» qu'on vient à le comparer en détail & partie par » partie, au lieu de surprendre par la différence, n'étonne plus que par la ressemblance singulière & presque complete qu'on y trouve: en effet prenez le squelette de l'homme, inclinez les os du bassin, accourcissez les os des cuisses, des jambes & des bras, alongez ceux des pieds & des mains, soudez ensemble les phalanges, alongez les mâchoires en raccourcissant l'os frontal, & enfin alongez aussi l'épine du dos, ce squelette cessera de représenter la dépouille d'un homme, & sera le squelette d'un cheval; car on peut aisément supposer qu'en allongeant l'épine du dos & les mâchoires, on augmente en même temps le nombre des vertebres, des côtes & des dents, & ce n'est en effet que par le nombre de ces os qu'on peut regarder comme accessoires, & par l'alongement, le raccourcissement ou la jonction des autres, que la charpente du corps de cet animal differe de la charpente du corps humain. On vient de voir dans la description du cheval ces faits trop bien établis pour pouvoir en douter; mais pour suivre ces rapports encore plus loin, que l'on considere séparément quelques parties essentielles à la forme, les côtes, par exemple, on les trouvera dans tous les quadrupedes, dans les oiseaux, dans les poissons, & on en suivra les vestiges jusque dans la tortue, où elles paroissent encore dessinée par les sillons qui sont sous son écaille; que l'on considere, comme l'a remarqué Mr. Daubenton, que le pied d'un cheval, en apparence si différent de la main de l'homme, est cependant composé des mêmes os, & que nous avons à l'extrémité de chacun de nos doigts le même osselet en fer à cheval qui termine le pied de cet animal; & l'on jugera si cette ressemblance cachée n'est pas plus merveilleuse que les différences apparentes, si cette conformité constante & ce dessein suivi de l'homme aux quadrupedes, des quadrupedes aux cétacés, des cétacés aux oiseaux, des oiseaux aux reptiles, des reptiles

» aux

„ aux poissons, &c. dans lesquels les parties essentiel-
„ les, comme le cœur, les intestins, l'épine du dos,
„ les sens, &c. se trouvent toûjours, ne semblent pas
„ indiquer qu'en créant les animaux, l'Etre suprême
„ n'a voulu employer qu'une idée, & la varier en
„ même temps de toutes les manières possibles, afin
„ que l'homme pût admirer également, & la magni-
„ ficence de l'exécution & la simplicité du des-
„ sein (*)".

Passons à de nouvelles variations de cet exemplaire original.

CHAPITRE CI.

a. Des Quadrupedes pieds-fourchus.

LA classe des pieds-fourchus est beaucoup plus nombreuse que celle des solipedes. Ceux-ci n'ont qu'un seul doigt: les pieds-fourchus en ont deux; mais la dernière phalange de chacun de ces doigts est encore enveloppée d'une matière de corne, comme dans les solipedes, desorte, par exemple, que le taureau a réellement deux sabots à chaque pied, quoiqu'on leur donne vulgairement le nom d'ongles, puisqu'ils renferment la dernière phalange de chaque doigt, au lieu que les ongles véritables n'en couvrent que la partie supérieure dans tous les animaux.

Dans quelques especes de pieds-fourchus, comme dans le taureau, les ergots n'ont que deux osselets qui répondent à deux phalanges des doigts; mais dans le cerf, autre pied-fourchu, les ergots ont trois petits os attachés bout à bout comme les trois phalanges des doigts. Cette particularité indique les nuances par lesquelles la Nature transforme le pied-fourchu en

(*) Histoire naturelle de l'âne par Mr. de Buffon.

fissipede : car cet ergot articulé est l'annonce d'un troisiéme doigt.

Le cochon est une autre nuance du passage des pieds-fourchus aux fissipedes, & qui approche encore plus de ceux-ci que le cerf. On l'a mis au rang des animaux à pied-fourchu, dit Mr. Daubenton (*), parce qu'il n'a à chaque pied que deux doigts qui touchent la terre, que la dernière phalange de chacun des doigts est enveloppée dans une substance de corne, & que, si l'on n'observe les pieds du cochon qu'à l'extérieur, ils paroissent très ressemblans à ceux du taureau, du bélier, du bouc, &c. mais dès qu'on a enlevé la peau, on les trouve très différens; car il y a quatre os dans le métacarpe & dans le métatarse; & quatre doigts dont chacun est composé de trois phalanges bien formées. Les deux doigts du milieu sont plus longs que les autres, & ont chacun un sabot qui porte sur la terre: les deux autres sont beaucoup plus courts, & leur dernière phalange est revêtue d'une corne pareille à celle des sabots, mais elle se trouve placée plus haut à l'endroit où sont les ergots des animaux de l'espece du taureau, du belier, du bouc, &c. On peut dire que ce sont deux doigts véritables, comme les autres, quoique plus imparfaits qu'eux.

Le cochon qui tient, aux pieds fourchus par la position des intestins, & par les parties extérieures de la génération, s'en éloigne pour se rapprocher des fissipedes par la forme des jambes, par l'habitude du corps, & par le produit nombreux de la génération: car on sait que de tous les quadrupedes les fissipedes sont ceux qui produisent le plus (†).

(*) Description du Cochon.
(†) Histoire Naturelle du Cochon, par Mr. de Buffon.

CHAPITRE CII.

3. *Des Fissipedes.*

Les fissipedes ont les pieds divisés en quatre ou cinq doigts, & quelques-uns, même dans les plus petites especes, ont des mains très ressemblantes à celles de l'homme : telle est la taupe & d'autres. Les premières especes des fissipedes, comme le tigre, le lion, le léopard, le loup, le renard, &c. sont de véritables quadrupedes, en ce que leurs pieds antérieurs ne peuvent leur servir de mains, quelle qu'en soit la forme ; mais il y a aussi un grand nombre de fissipedes, qui se servent de leurs pieds de devant comme de mains pour saisir & porter à leur gueule : tels sont les ours, les écureuils, les marmottes, les agoutis, & plusieurs autres. Cette seconde classe de fissipedes, compose une suite de quadrupedes ambigus qui conduit aux quadrumanes dont nous parlerons bientôt.

Parmi ces fissipedes, il faut encore distinguer, ceux qui aiment à se tenir le corps élevé, assis ou accroupis sur leurs fesses qui peuvent même, quoique plus difficilement, se tenir & marcher sur les deux pieds de derrière seulement. Ce sont autant de nuances qui nous marquent les perfectionnemens gradués de l'animal prototype. En suivant ces gradations, on voit la Nature déformer le squelette du solipede, redresser peu-à-peu les os du bassin, alonger les os des cuisses, des jambes & des bras, & au contraire raccourcir ceux des pieds & des mains, diviser des piéces unies, articuler des piéces soudées ensemble, resserrer l'épine, supprimer des vertebres & des côtes, & le rapprocher ainsi graduellement de la charpente du corps humain.

Si dans les opérations la marche de la Nature nous paroît quelquefois incertaine & mal-assurée ; s'il nous semble qu'elle opere en tâtonnant, par une voie détournée, ambigue, c'est une fausse apparence qui ne vient que de notre ignorance & de nos préjugés. Nous oublions qu'elle ne doit & ne peut laisser échapper aucune nuance, aucune variation sans le réaliser: nous ne voyons point les différences trop subtiles des formes contigues: nous saisissons mal les rapports de celles qui sont plus éloignées: nous ne connoissons point assez la génération des formes pour juger de ce qu'il falloit précisément pour en amener une particuliere, & de ce que celle-ci doit produire nécessairement & immédiatement. Si nous ne voyons par pourquoi les mains des bimanes deviennent des pieds antérieurs dans les quadrupedes; pourquoi les doigts déja developpés & divisés, se resserrent, & s'unissent dans les solipedes, pour se développer & se rediviser de nouveau dans les fissipedes, pourquoi ils perdent leur usage dans cette métamorphose pour le reprendre dans une autre; s'il nous semble bizarre qu'à des bimanes succedent des quadrupedes, & qu'à des quadrupedes succedent des quadrumanes; si nous jugeons plus simple que la Nature, ayant une fois atteint une forme, celle des mains par exemple, l'eût conservée dans toutes les especes suivantes sans la déguiser, l'altérer, la déformer pour la rétablir ensuite avec de nouveaux fraix, gardons-nous de prononcer sur ces conjectures hazardées, vains phantômes de notre esprit, qui ne représentent point la réalité des choses. La Nature ne fait rien d'inutile: sa marche est nuancée, & chaque nuance est nécessaire dans le plan total. Les formes que nous prenons si mal-à-propos pour des irrégularités, des redondances, des inutilités, rentrent dans l'ordre infini des Etres, & remplissent une place qui seroit vuide sans elles.

DOUZIEME PARTIE.

CHAPITRE CIII.

Les Quadrumanes.

C'EST ici la dernière grande division des animaux, qui par des gradations très fines doit nous conduire jusqu'à l'homme. Les extrêmités des quatre membres des quadrumanes ont la forme de mains, d'où leur vient le nom qui leur a été donné par les modernes. Le gros doigt de pied qui répond à l'orteil dans l'homme est très court & fort éloigné des quatre autres doigts: c'est un véritable pouce; & les quatre autres doigts sont aussi ceux d'une main plûtôt que d'un pied: outre qu'ils en ont la forme & les proportions respectives, la partie, qui répond à la plante du pied est encore la paume d'une main allongée & resserrée.

Les premiers quadrumanes, c'est-à dire les plus bas dans l'échelle, sont ceux qui ont un museau mince & alongé, une queue aussi longue ou plus longue que le corps, les mabis, les loris, les sapujous, les sagoins, &c. A mesure que l'on remonte les échellons supérieurs, cette longue queue se raccourcit: ce n'est qu'un petit bout de peau dans le magot, & il n'y en a plus aucun vestige dans le gibbon; le museau se resserre aussi, & la face s'applatit graduellement dans les especes de quadrumanes, à mesure qu'elles s'élevent vers l'homme. Le sarigue a le museau long & pointu, le magot l'a plus large, & relevé comme celui du dogue, le pitheque a la face plate.

Toutes ou presque toutes les femelles des quadrumanes sont sujettes à un écoulement périodique du sang, comme les femmes. Nous aurions déja du remarquer plus haut que la chaleur des chiennes se manifeste par un écoulement semblable.

La plûpart des quadrumanes peuvent marcher à quatre ou à deux mains, quoiqu'ils n'aient pas tous une égale aptitude pour ces façons de marcher. Il y en a qui ne peuvent se tenir que difficilement sur leurs deux mains de derrière, desorte que le marcher à quatre mains semble leur être seul naturel : observation confirmée par l'inclinaison des os du bassin. D'autres paroissent marcher plus aisément à quatre, quoiqu'ils puissent aussi marcher à deux mains sans beaucoup de gêne. Quelques especes semblent marcher de l'une & l'autre maniere avec une égale facilité, & une agilité semblable. Dans les especes les plus élevées les os du bassin redressés, & les cuisses alongées donnent à l'individu beaucoup plus d'aptitude à marcher à deux qu'à quatre mains. Enfin les quadrumanes les plus voisins de l'espece humaine, ne marchent jamais que sur les mains de derrière, & aussi droits que l'homme marche sur ses pieds : ce qui est attesté par ceux qui ont vu des jockos & des pitheques.

A ces remarques générales faisons succéder des détails plus particuliers en contemplant le plus parfait des quadrumanes.

(*) Voici, la description de cette jeune femelle de la petite espece ; celle du grand mâle est détaillée dans le texte.

Animalis rarioris, Chimpansée dicti, ex Regno Angola Londinum advecti brevior descriptio.

Spectandum in Tabula, quam hic adjecimus, Lectori nostro exhibetur miri & valde terrici adspectus, formæ & staturæ humanam referentis, naturæ ferocissimæ, animal, vix ulli civium nostrorum visum unquam, auditum forte paucissimis. Patriam agnoscit Angolam, Africanum Regnum, a cujus incolis nomen Chimpansée accepit. Ex illis oris allatum est anni 1738 mense Augusto Londinum ab *Henrico Hawyro*, Magistro navis *Speaker* dictæ. Sexus est feminini, altum pedes duos quatuor pollices, incedens corpore erecto, aliqua in membrorum parte hirsutum, cætera robustum & musculosum. Ex [illegible] sua alimenta petit ;

Planche VIII. Page 151.

CHAPITRE CIV.

L'Orang-Outang, le Pongo, l'homme des bois, le Satyre, le Barris, le Chimpanzée, le Jocko, l'homme de nuit, le Troglodite, &c.

TOUS ce noms déſignent le même quadrumane, & lui ont été donnés par différens voyageurs ou naturaliſtes. C'eſt celui que l'on voit repréſenté à la *Planche VIII*, ayant à côté de lui une petite femelle de la même eſpece, qui n'a encore que quelques poils fort rares ſur les hanches (*).

L'Orang-Outang n'eſt pas véritablement un homme, mais il en approche de très près. Il n'eſt pas non plus un ſinge, ou une guenon, car il en differe beaucoup plus qu'il ne differe de l'homme. On peut donc le prendre pour une eſpece intermédiaire qui remplit le paſſage du ſinge à l'homme, & c'eſt ainſi que nous l'enviſageons.

Un des plus ſavans & des plus célèbres Naturaliſtes de ce ſiécle vient de recueillir avec beaucoup de ſoin & de diſcernement ce que les voyageurs les plus véridiques & les anatomiſtes les plus exacts ont écrit ſur

ſed amat etiam potum Theæ, quam hominum more ex vaſculo bibit. Horum præterea ſomnum imitatur, nec prorſus ingenio caret, ipſa etiam voce garrulitatem humanam exprimens. Mares, cum ad ætatem adultam venerunt, fœminas humanas ſtupro petunt, & viros etiam armatos ad pugnam provocant. Idem ſæpiſſime ab hujus, in ære expreſſi matre, pedum quinque altitudinem æquante, factum, quam niſi telo ſuſtuliſſet Maurus quidam, vix in ejus unquam manus fœtus hic veniſſet. Hujus, menſes unum & viginti nati, imaginem Londini affabre in ære inſculpſit Scotinus, artifex peritus, conſilium ſi recte ſuſpicamur, ſecutus *Joannis Sloanii*, Regiæ ſcientiarum Societatis præſidis, cujus etiam nomini, quicquid eſt peregrini hujus monſtri, inſcriptum videmus. Cujus imaginis nuper exemplum nacti, ut regni etiam animalis hiſtoria hinc lucem acciperet, eam dextra quadam manu repetendam hic curavimus. *Nova acta eruditorum anno 1739 publicata Lypſiæ. Menſ. Septemb. pag.* 564 & 565.

l'extérieur & l'intérieur de cet animal; nous ne saurions mieux faire que d'en rapporter ici le résultat. Ainsi c'est d'après Mr. de Buffon que nous allons exposer en abregé les différences qui distinguent cette espece de l'espece humaine, & les conformités qui l'en approchent.

L'Orang-outang diffère de l'homme à l'extérieur par le nez, qui n'est pas proéminent, par le front qui est trop court, par le menton qui n'est pas relevé à la base; il a les oreilles proportionnellement trop grandes, les yeux trop voisins l'un de l'autre, l'intervalle entre le nez & la bouche est aussi trop étendu: ce sont là les seules différences de la face de cet animal avec le visage de l'homme, & l'on voit combien elles sont légères.

Le corps & les membres diffèrent en ce que les cuisses sont relativement trop courtes, les bras trop longs, les pouces trop petits, la paume des mains trop longue & trop serrée, les pieds plûtôt faits comme des mains que comme des pieds humains: nous verrons bientôt que cette dernière différence souffre quelque modification.

Les parties de la génération du mâle ne sont différentes de celles de l'homme qu'en ce qu'il n'y a point de frein au prépuce; les parties de la femelle sont à l'extérieur fort semblables à celles de la femme. Une particularité remarquable c'est que le mâle desire aussi ardemment la compagnie des femmes que de sa femelle. Ces animaux tachent de surprendre les negresses, & s'ils en peuvent attraper, ils les gardent pour en jouir, les nourissant bien & ne leur faisant aucun mal.

A l'intérieur cette espece differe de l'espece humaine par le nombre des côtes: l'homme n'en a que douze, l'orang-outang en a treize; il a aussi les vertebres du cou plus courtes, les os du bassin plus serrés, les hanches plus plates, les orbites des yeux plus enfoncées; il n'y a point d'apophyse épineuse à la première vertebre du cou; les reins sont plus ronds que ceux de l'homme, & les uretères ont une forme différente, aussi bien que la vessie & la vesicule du fiel qui sont plus étroites & plus longues que dans l'homme.

Toutes les autres parties du corps, de la tête & des membres, tant extérieures qu'intérieures, sont si parfaitement semblables à celles de l'homme, qu'on ne peut les comparer sans admiration; & sans être étonné que d'une conformation si pareille & d'une organisation qui est absolument la même, il n'en résulte pas les mêmes effets. Par exemple, la langue & tous les organes de la voix sont les mêmes que dans l'homme, & cependant l'Orang-outang ne parle point; le cerveau est absolument de la même forme & de la même proportion, & il ne pense pas. Il faut convenir néanmoins que la pensée & la parole que nous refusons à cet animal singulier, lui sont accordées par Mr. Linnæus d'après Kjoep & quelques autres voyageurs. Ce savant Naturaliste Suédois dit expressément que l'Orang-outang pense, qu'il parle & s'exprime en sifflant:

Homo nocturnus. Homo silvestris Orang-Outang *Bontii. Corpus album, incessu erectum, pili albi contortuplicati, oculi orbiculati, iride pupillaque aurea. Palpebræ antice incumbentes cum membrana nictitante. Visus naturalis, nocturnus. Die cæcutit; noctu videt, exit, furatur. Loquitur sibilo, cogitat, credit sui causâ factam tellurem, se aliquando iterum fore imperantem, si fides peregrinatoribus... habitat in Javæ, Amboinæ, Ternatæ speluncis* (*).

L'Orang-Outang a des fesses & des mollets, comme l'homme, & par conséquent il est fait pour marcher debout comme nous: il a la poitrine large, les épaules applaties, & les vertebres conformées comme nous: il a le cerveau, le cœur, les poumons, le foie, la rate, le pancreas, l'estomac, les boyaux absolument pareils aux nôtres: il a aussi une appendice vermicu-

(*) Lin. Systema Naturæ Edit. X. p. 24.

laire au cæcum; enfin l'orang-outang ressemble plus par le physique à l'homme qu'à aucun des animaux, plus même qu'aux babouins & aux guenons, non-seulement par toutes les parties que je viens d'indiquer, mais encore par la largeur du visage, la forme du crâne & des mâchoires, par la forme & le nombre des dents, par les autres os de la tête & de la face, par la grosseur des doigts & du pouce, par la figure des ongles, par le nombre des vertebres lombaires & sacrées, par celui des os du coccix, & enfin par la conformité dans les articulations, dans la grandeur & la figure de la rotule, dans celle du sternum, &c.; en sorte qu'en comparant cet animal avec ceux qui lui ressemblent le plus, comme avec le magot, le babouin ou la guenon, il se trouve encore avoir plus de conformité avec l'homme, qu'avec ces animaux dont les especes cependant paroissent être si voisines de la sienne qu'on les a toutes désignées par le même nom de singe, mais dont nous jugeons que l'Orang-Outang doit être distingué, comme formant une espece intermédiaire entre elles & l'espece humaine. Si l'on devoit le réunir à quelqu'autre espece, sa forme extérieure lui mériteroit un rang parmi les hommes; & les Indiens sont excusables de l'avoir associé au genre humain par le nom d'orang-outang, homme-sauvage, puisqu'il ressemble à l'homme par le corps plus qu'il ne ressemble aux autres singes ou à aucun autre animal: ce nom a été adopté par les voyageurs & les Naturalistes qui l'ont nommé *homo nocturnus*, *homo silvestris*, *l'homme des bois*, *the man of the woods*; & pour le moins, il mérite tout autant commencer l'espece humaine, que l'homme mérite de terminer l'espece des quadrupedes à la tête de laquelle on sait que Mr. Linnæus l'a placé.

L'Orang-Outang a la face plate, nue & bazanée, les oreilles, les mains, les pieds, la poitrine & le ventre aussi nus; il a des poils sur la tête qui descendent en forme de cheveux des deux côtés des tempes, du poil sur le corps & sur les lombes, mais en petite quan-

ille; & il y a des hommes qui en ont beaucoup plus que lui. Il a cinq ou six pieds de hauteur, avec un corps aussi bien proportionné que celui de l'homme. Quoiqu'il soit conformé pour marcher debout, comme les doigts de ses pieds sont fort longs & que son talon pose plus difficilement à terre que celui de l'homme, il court plus facilement qu'il ne marche, & il auroit besoin de talons artificiels, plus elevés que ceux de nos souliers, si l'on vouloit le faire marcher aisément & longtemps.

On peut inférer de ces détails que les seules différences essentielles entre le corps de cet animal & celui de l'homme, se réduisent à deux, savoir, la conformation des os du bassin & la conformation des pieds; ce sont-là les seules parties considerables par lesquelles l'orang-outang ressèmble plus aux autres singes qu'il ne ressèmble à l'homme. Encore la dernière différence n'est-elle pas aussi marquée & aussi constante qu'on pourroit le croire par l'inspection de quelques individus seulement. Elle est très sensible dans le Jocko dont on voit la figure dans *l'Histoire Naturelle générale & particulière avec la Description du Cabinet du Roi*. Elle l'est également dans la petite femelle que l'on voit ici (*Planche VIII.*) Mais le pongo ou grand Orang-Outang, celui qui est égal en stature à l'homme, a le gros doigt de pied plus semblable à l'orteil du pied humain, & le talon plus bas. Je puis assurer avoir vu le pied desséché d'un pongo dont les doigts ressembloient encore plus à ceux du pied de l'homme, qu'on ne le voit ici sur la figure, quoique déja ce pied ne soit plus celui du jocko, ou orang-outang de la petite espece. Je reçus aussi en 1762. de la côte d'Angole un fœtus-pongo que l'on voit à la *Planche IX.* & dont les pieds sont tout-à-fait humains. Le front y paroît moins court que dans le jocko, le menton est un peu plus relevé, les oreilles relativement moins grandes, & mieux à leur place, les cuisses & les bras plus proportionnés; desorte que le pongo, qui ressemble plus à l'homme par la stature & la grandeur que le jocko, lui reſſemble auſſi davantage par les formes & les proportions particulières de la face & des membres. La longueur des cuiſſes indiqueroit peut-être que les os du baſſin y ont plus de conformité avec ceux du ſquelette humain, que les os du baſſin du petit orang-outang.

Si ces obſervations étoient ſuffiſamment confirmées par la vue & l'anatomie de pluſieurs pongos, on auroit un preſqu'homme qu'il ſeroit difficile de diſtinguer, par la forme extérieure, de l'homme véritable; & le grand vuide du ſinge à l'homme paroîtroit rempli. On auroit après les, ſagoins, les ſapujous & les guenons qui ont de longues queues, les babouins à queue courte; puis le magot qui n'a qu'une apparence de queue, le grand & le petit gibbons, avec le pitheque qui n'ont point du tout de queue, & qui marchent à deux mains, le corps droit; enſuite le jocko ou petit Orang-outang; le pongo ou le grand Orang-outang; & enfin l'homme, dont nous allons diſtinguer pluſieurs races, ſinon pluſieurs eſpeces.

CHAPITRE CV.

D'une eſpece particuliere d'homme-marin, peut-être quadrumane.

AVANT que de parler de l'homme & de ſes variétés, je vais rapporter le relation d'un nouveau monſtre marin.

„ EN l'année 1720. le 8 Août, jour de jeudi, les „ vents variables étant à l'eſt-ſud-eſt, à vingt-huit ou „ trente braſſes d'eau, ſept navires en vue mouillant „ ſur le banc de Terre-neuve, il parut ſur les dix „ heures du matin à bord d'un vaiſſeau François nommé la Marie de grace, commandé par Olivier Morin, un homme marin qui premièrement ſe montra à bas-bord ſous le theux ou baril du Contre-

„ Maître, appellé Guillaume l'Aumone. Auſſi-tôt „ celui-ci prit une gaffe pour le tirer à bord; mais le „ Capitaine l'en empêcha, de crainte qu'il ne l'en- „ traînât avec lui. Par cette raiſon, il lui en donna „ ſeulement un coup ſur le dos ſans le piquer.

„ Lorſque le monſtre ſe ſentit frapper, il prêta le „ viſage, au Contre-Maître, comme un homme en „ colère qui eût voulu faire un appel. Malgré cela il „ ne laiſſa pas de paſſer dans les lignes en nageant, „ pour faire le tour du vaiſſeau. Quand il fut derrière „ il prit le gouvernail avec ſes deux mains: ce qui „ obligea l'équipage de mettre deux palans, de peur „ qu'il ne fît quelque dommage. Il repaſſa enſuite „ par ſtribord, nageant toûjours comme eût pu faire „ un homme véritable; & lorſqu'il fut à l'avant du „ vaiſſeau, il s'arrêta à regarder la figure qui étoit „ celle d'une très-belle femme. Après l'avoir long- „ temps conſiderée il prit la ſoubarbe du Beaupré, & „ s'éleva hors de l'eau pour tâcher, à ce qu'il ſem- „ bloit, de faire tomber la figure. On attacha une mo- „ ruë à une corde, & on la laiſſa pendre à côté du „ vaiſſeau. Il la prit & la mania, ſans la rompre.

„ Il nagea enſuite au vent du vaiſſeau environ la „ longueur d'un cable; & paſſant par derrière, il prit „ de nouveau le gouvernail. Le Capitaine ayant fait „ préparer un harpon, eſſaya lui-même de le har- „ ponner; mais parce que le cordage n'étoit pas paré, „ il manqua ſon coup. Le manche frappa ſeulement „ ſur le dos de l'homme marin, qui à ce coup prêta „ long-temps le viſage au Capitaine, comme il avoit „ fait au Contre-Maître, & avec les mêmes geſtes. „ Après cela le monſtre paſſa à l'avant du Navire, & „ s'arrêta encore à conſidérer la figure: ce qui enga- „ gea le Contre-Maître à ſe faire apporter le harpon. „ Mais craignant que cet homme Marin ne fût la viſion „ d'un matelot nommé *la Commune*, qui l'année précé- „ dente le 18 du mois d'Août s'étoit défait à bord du „ même vaiſſeau, ſa main tremblante adreſſa mal le „ coup; en ſorte que pour la troiſiéme fois le monſtre

„ ne fut frappé que du bâton auquel le harpon étoit
„ attaché. Alors il présenta encore le visage d'un air
„ menaçant, comme il avoit fait les deux premières
„ fois. Cela ne l'empêcha pourtant pas de se rappro-
„ cher encore davantage du bord, & de prendre une
„ ligne avec laquelle pêchoit un matelot nommé Jean
„ Marie; après quoi il nagea de nouveau au vent en-
„ viron la portée d'un coup de fusil.

„ Il revint ensuite à bord très-proche, & s'éleva
„ encore hors de l'eau jusqu'au nombril; ensorte que
„ tout l'équipage remarqua parfaitement qu'il avoit
„ le sein aussi plein que celui d'aucune fille ou femme,
„ quoique ce fût un mâle, comme on le vit aussi-tôt.
„ Car il se renversa ensuite sur le dos, & prit avec
„ ses mains ses parties naturelles, d'une grosseur &
„ d'une figure pareilles à celles d'un cheval entier,
„ après quoi il fit de nouveau le tour du navire, &
„ prit encore le gouvernail. De-là nageant lente-
„ ment, il s'éleva hors de l'eau, & tournant le dos,
„ il fit ses immondices tout contre le vaisseau. Après
„ cela il s'éloigna de sorte qu'on le perdit de vue.

„ Ce manége avoit duré depuis dix heures du ma-
„ tin jusqu'à midi, le monstre ayant toujours été
„ pendant ce temps-là proche du vaisseau, souvent à
„ deux ou trois pieds de distance; en sorte que l'é-
„ quipage composé de trente-deux-hommes eut le
„ plaisir & la commodité de remarquer les particula-
„ rités suivantes: qu'il avoit la peau brune & basa-
„ née, sans écailles; tous les mouvemens du corps,
„ depuis la tête jusqu'aux pieds, tels que ceux d'un
„ véritable homme; les yeux fort bien proportion-
„ nés; la bouche médiocre eu égard à la longueur du
„ corps, qui fut estimée par tout l'équipage, de huit
„ pieds; le nez fort camard, large & plat; les dents
„ larges & blanches; la langue épaisse; les cheveux
„ noirs & plats; le menton garni d'une barbe mous-
„ seuse, avec des moustaches de-même sous le nez;
„ les oreilles semblables à celles d'un homme; les pieds
„ & les mains pareils, excepté que les doigts étoient

„ joints par une pellicule telle qu'il s'en voit aux pat-
„ tes des oies & des canards. En général c'étoit un
„ corps d'homme aussi bien fait qu'il s'en voie ordi-
„ nairement.

„ Ce détail est tiré d'un procès-verbal qui en fut
„ dressé par un nommé Jean Martin Pilote de ce vais-
„ seau, signé du Capitaine & de tous ceux de l'équi-
„ page qui savoient écrire, & qui fut envoyé de
„ Brest par Mr. d'Hautefort à Mr. le Comte de Mau-
„ repas le 8 Septembre 1725 (*)."

Je soupçonne que cet homme-marin, plus grand que l'homme ordinaire, pouvoit être aussi quadrumane, en ce que les doigts de ses pieds étant unis par une membrane comme ceux de ses mains, ils devoient être beaucoup plus longs que ceux du pied de l'homme, s'étendre & s'écarter comme ceux de la main pour servir de rame & faciliter l'action de nager. Il est probable aussi que le talon devoit être fort élevé, peut-être entièrement effacé & ces formes devoient donner naturellement à un tel pied, la figure d'une main marine.

Quoi qu'il en soit de ces conjectures, ce fait suffisamment attesté nous montre dans la mer un presqu'homme qui répond à l'Orang-outang terrestre, & mérite d'être placé à côté de lui dans l'échelle des Etres, comme un animal très-voisin de l'homme véritable.

(*) Telliamed, Tome II.

TREIZIEME PARTIE.

CHAPITRE CVI.

De l'Homme & des différentes races humaines.

1. Les Hommes à queue.

A la vue de l'Orang-outang on est tenté de demander, que lui manque-t-il pour être un homme? En voyant certaines races d'hommes, on oseroit presque dire, quels animaux sont-ce-là? Le pongo n'a point de queue; le gibbon & le pitheque, especes inférieures au pongo, n'ont point de queue. Ce superflu, prolongement excessif de l'épine, paroît un caractère distinctif de la brute; & dès qu'il manque, on voit l'animal prototype prendre la forme humaine. Cependant il y a des hommes, reconnus pour tels, qui ont une queue. La marche de la Nature seroit-elle retrogade? non: mais elle est finement nuancée. Le pongo tient à l'espece humaine par une infinité de ressemblances: l'homme devoit tenir, par d'autres traits, à des especes fort au dessous du pongo.

On trouve dans l'Isle de Manille des noirs qui vivent dans les rochers & les bois, menant une vie de brutes; on en a vu plusieurs qui avoient des queues de quatre à cinq pouces, comme les Insulaires dont parle Ptolémée. (*) Le Voyageur qui rapporte ce ce fait, dit que les femmes de ces Satyres accouchent dans les bois, comme les chevres, & vont aussi-tôt se laver

(*) Gemelli Caveri, Voyage du Tour du Monde, Tome V. Paris 1727. page 65. 66.

laver & leur fruit aussi dans les premières rivières, ou autre eau froide: ce qui feroit mourir une femme d'Europe. Il ajoute que des Missionnaires Jésuites, dignes de foi, lui ont assuré que les Manghiens qui habitent le cœur de l'Isle de Mindoro voisine de Manille ont aussi une queue de quatre à cinq pouces, qu'ils n'ont aucune forme de gouvernement, qu'ils vont nuds, qu'ils se nourrissent de fruits sauvages; que quelques-uns pourtant du territoire de Nauhan ont embrassé la foi catholique (*).

Jean Struys (†) dit avoir vu de ses propres yeux dans l'Isle Formose, un homme qui avoit une queue longue de plus d'un pied, toute couverte d'un poil roux, & fort semblable à celle d'un bœuf; cet homme à queue assuroit que ce défaut, supposé que c'en fût un, venoit du climat, & que tous ceux de la partie méridionale de cette Isle avoient des queues comme lui. Cette queue est fort différente pour la forme & les dimensions de celle que portent les noirs de Manille, les habitans de Mindoro, de Lambry, &c. Il pourroit donc y avoir plusieurs races différentes d'hommes à queue, qui différassent par la longueur de cette partie, comme nous avons distingué les guenons & les sapajous à longue queue, des babouins à queue courte.

„ Les hommes qui ont des queues peuvent-ils être „ les fils de ceux qui n'en ont point? Comme les „ singes à queue ne descendent certainement point de „ ceux qui sont sans queue, ne seroit-il pas naturel „ de penser de-même, que les hommes qui naissent „ avec des queues sont d'une espece différente de ceux „ qui n'en ont jamais eu? Aussi sont-ils encore ca„ ractérisés par des qualités fort différentes. Je sais „ que bien des gens se persuadent ou qu'il n'y a point „ d'hommes avec des queues, ou que s'il s'en trouve

(*) Page 87.
(†) Voyages de Jean Struys, Rouen 1719. Tome I. p. 100.

„ quelques-uns, c'est une erreur de la Nature, ou bien un effet de l'imagination des meres. Mais ceux qui pensent de la sorte se trompent certainement en supposant que les hommes & les femmes de cette espece, ou bien n'existent point, ou du moins sont fort rares. Il est vrai que la turpitude attachée à cette difformité, le caractere farouche & de peu d'esprit de tous ceux qui y sont sujets, leur pilosité naturelle, les oblige à se cacher des autres hommes avec lesquels ils vivent. Ils prennent le même soin pour leurs enfans; & ceux-ci instruits par leurs parens, en usent de-même à l'égard de leur postérité. Du reste il est constant que cette race d'hommes à queue est beaucoup plus nombreuse qu'on ne se l'imagine; & que ce proverbe si commun parmi vous (*), *Homines caudati*, pour désigner des gens sans esprit, n'est nullement métaphorique. Il est fondé sur la vérité. Il y a beaucoup de ces hommes en Ethiopie: il y en a aux Indes, en Egypte, en Angleterre, surtout en Ecosse; toutes vos relations en font foi. On en trouve même en France, où j'en ai vu plusieurs. *Mais je me contenterai sur cet article de quelques faits récens & assez voisins de vous pour que vous soyez à portée de les vérifier.*

„ Le Sr. Ortuvillier de la Crouzat qui fit avec succès & avec courage la course contre les Turcs & qui périt en Caramanie dans un vaisseau qu'un des Officiers de son bord, pour se venger de son Capitaine, fit sauter en l'air en mettant le feu aux poudres, a été aussi connu par la queue avec laquelle il étoit né, que par ses actions de valeur. Il n'étoit encore qu'Ecrivain d'un vaisseau marchand, lorsqu'un jour ce vaisseau mouillant au port d'Alexandrie, un Bacha qui passoit au Caire, & qui fut instruit des exploits de ce jeune homme, lui fit pro-

(*) Il faut se souvenir que c'est un Philosophe Indien qui parle à un Missionnaire François.

» passer de lutter contre un noir qu'il avoit à son service, & lui promit trente sequins s'il sortoit victorieux de ce combat. Ce noir avoit tué quinze ou seize hommes dans cet exercice. Quoique le Sr. Cruvillier en fût bien informé il accepta la proposition du Bacha, & se rendit à la lutte sans aucune préparation. Le noir au contraire se présenta le corps frotté d'huile, & nud, ainsi que le pratiquoient les anciens athletes, n'ayant qu'une simple serviette pour couvrir sa nudité. Ils se mesurèrent d'abord l'un & l'autre pendant quelque temps, avant de s'aborder. Enfin après quelques feintes, le noir se jetta tout-à-coup sur le Sr. Cruvillier dans la résolution de le saisir; mais celui-ci qui avoit les bras tendus, dans l'espérance de l'en empêcher, lui enfonça si rudement de part & d'autre ses doigts au défaut des côtes, qu'ils entrèrent dans le corps du noir, comme s'il eût été de beurre. Par-là il lui ôta la respiration & la force; & le serrant entre ses mains il l'étouffa. Ensuite, l'élevant de terre, il le jetta par-dessus sa tête avec tant de force, que la tête du noir, entra toute entière dans le sable. Le Bacha témoin avec tout le peuple & tous les étrangers, qui se trouvoient à Alexandrie, d'une force si extraordinaire, quoique touché de la perte de son noir, ne laissa pas de faire compter au Sr. Cruvillier les trente sequins, qu'il lui avoit promis. Ce Cruvillier, lorsqu'il étoit en course, & qu'il s'agissoit d'appareiller, laissoit à son équipage le choix, ou de lever les ancres tandis qu'il hausseroit les huniers, ou de hausser ceux-ci, tandis qu'il leveroit seul les ancres. Il avoit un frère d'une force égale à la sienne. Celui-ci étoit à Tripoli de Barbarie, où les Turcs l'obligèrent de se faire Mahométan. On prétend qu'il avoit aussi une queue.

» Lorsque je passai dans cette dernière ville, au commencement de ce siecle, je vis un noir nommé Mahammed, d'une force extraordinaire. Il menoit seul une grosse chaloupe à l'aide de deux ra-

„ mes, avec plus de vîtesse que vingt autres n'auroient pu faire. D'une seule main, il renversoit deux à trois hommes, & portoit des fardeaux d'une pesanteur étonnante. Il étoit velu & couvert de poil contre l'ordinaire des noirs, & avoit une queue d'un demi-pied de longueur qu'il me montra. Je m'informai de son pays, il me dit qu'il étoit du côté de Borneo. Il m'assura que son père avoit une queue comme lui, ainsi que la plûpart des hommes de sa contrée, qui vont tout nuds, & chez lesquels cette queue n'a rien de deshonorant, comme en Europe. Les Marchands de Tripoli qui trafiquent en esclaves noirs, m'assurèrent aussi que ceux de ce pays étoient plus farouches, plus forts & plus difficiles à dompter que ceux de tout autre; qu'ils avoient presque tous des queues, les femmes comme les hommes; & qu'il leur en passoit plusieurs par les mains qu'on vendoit bien à la côte de Caromanie, où ils étoient employés à couper des bois.

„ Il n'est point honteux à un Naturaliste d'approfondir des faits qui peuvent l'instruire des secrets de la Nature, & le conduire à la connoissance de certaines vérités. Etant à Pise en l'année 1710, je fus informé qu'une Courtisane s'étoit vantée d'avoir connu un étranger qui y avoit passé trois ans auparavant, & qui étoit de l'espece de ces hommes à queue dont je parle. Cela me donna la curiosité de la voir, & de la questionner sur cette aventure. Elle n'avoit pas encore alors plus de dix-huit ans, & étoit fort belle. Elle me conta que revenant de Livourne à Pise en 1707 dans un bateau de voiture, elle y rencontra trois Officiers François, dont un devint amoureux d'elle. Cet homme étoit grand & bien fait, & pouvoit avoir trente-cinq ans. Il étoit fort blanc de visage, ayant la barbe noire & épaisse, les sourcils longs & garnis. Il passa la nuit avec elle, & approcha fort de ce travail, par lequel Hercule n'est pas moins fameux dans la fable que par ses autres exploits. Il étoit si velu que les ours

„ ne le sont pas davantage; le poil dont il étoit tout „ couvert, avoit près de demi-pied de longueur. „ Comme cette femme n'avoit jamais rencontré d'hom- „ me de cette espece, la curiosité qui lui fit porter les „ mains de tous côtés sur le corps de celui-ci, les lui „ ayant fait étendre sur ses fesses, elle y trouva une „ queue de la grosseur du doigt, & de la longueur „ d'un demi-pied, qu'elle empoigna en lui deman- „ dant ce que c'étoit. Cette queue étoit velue com- „ me le reste du corps. Cet homme répondit d'un „ ton brusque & chagrin, que c'étoit un morceau de „ chair qu'il portoit de naissance, par le desir que sa „ mère avoit eu, étant grosse de lui, de manger d'une „ queue de mouton; & depuis ce moment elle remar- „ qua qu'il ne lui témoigna plus le même amitié. „ L'odeur de sa sueur étoit si forte & si particulière, „ elle sentoit tellement le sauvage, que cette femme „ fut plus d'un mois à en perdre le sentiment, qu'elle „ s'imaginoit trouver par-tout.

„ Une personne de votre pays m'a assuré que feu „ Mr. de Barsabas & sa sœur Religieuse, tous deux „ fameux par plusieurs traits qui marquent en eux „ une force extraordinaire, avoient une queue.

„ J'ai connu à Paris une Limonadière qui en avoit „ une, que cinquante autres personnes ont vue: aussi „ avoit-elle l'air hommasse & les bras fort velus.

„ Je vis à Orléans, lorsque j'y passai, un homme qui „ avoit une queue. Il étoit aussi très-fort & très- „ velu. J'ai su depuis qu'ayant voulu faire couper „ cette queue, il mourut de cette opération, dont le „ Mercure du mois de Septembre 1718 fait mention.

„ Il y a à Aix, dans la rue Courtissade une fem- „ me du peuple, nommée Louise Martine, qui à „ l'âge de trente-cinq ans fut attaquée de la conta- „ gion, lorsqu'elle affligea cette ville. Ceux qui la „ soignoient dans sa maladie découvrirent qu'elle a- „ voit une queue, & la firent voir à diverses autres „ personnes, ensorte que l'histoire en devint publique. „ Cette femme qui a du poil au menton, grosse &

» puissante, ayant les sourcils & les cheveux fort noirs, a une force extraordinaire & porte sur ses épaules deux sacs de bled, comme une autre pourroit porter un fagot. Un jour elle donna un soufflet à un homme qu'elle étendit par terre du coup, lequel resta demi-heure évanoui. Il y a encore à Aix un certain Bernard, procureur, nommé *Queue-de-porc*, parce qu'il est connu pour avoir réellement une queue, qu'on lui a vue lorsqu'il se baignoit étant enfant. Il ne le nie pas lui-même. Mais il n'est pas de forte complexion, comme cette femme dont je viens de parler. Il a cependant une physionomie particulière, & un visage semé de beaucoup de rousseurs.

» A ces faits qui sont à portée d'être approfondis des curieux, je pourrois en ajouter beaucoup d'autres des régions éloignées; mais j'espère qu'ils suffiront pour vous persuader que les hommes à queue qu'on découvre de temps en temps ne sont pas nés avec ces queues par un effet du hazard & de l'imagination de leur mère. Ce sont probablement des hommes d'une espece aussi différente de la nôtre, que l'espece des singes à queue est différente de celle des singes qui n'en ont point. La férocité des hommes qui ont des queues, leur force extraordinaire, leur pilosité, la communication de ces queues des pères aux enfans, semblent être des preuves certaines d'une différente espece. Si cette férocité & cette pilosité extraordinaires ne sont pas toûjours égales dans les sujets de cette race, cette variété ne procede que de ce que cette espece mêlée avec la nôtre perd sans-doute quelques-unes de ses propriétés, & que l'une se conserve dans un sujet produit de ce mélange, tandis que les autres s'affoiblissent ou se cachent pour quelque temps. Ainsi un fils né d'un pere qui a une queue, & d'une mere qui n'en a point, peut être sans queue; & ce fils peut avoir d'une femme qui n'aura point de queue, un enfant qui ressemblera par-là à son ayeul.

„ Il peut être velu & n'avoir point de queue, ou a-
„ voir une queue & n'être pas velu."

Comme la queue des singes, très longue dans les premières races, diminue dans les suivantes, pour disparoître entièrement dans les races supérieures; il se peut que la queue de certaines races d'hommes, longue d'un pied, comme celle des sauvages de l'Isle Formose dont parle Struys, n'ait qu'un demi-pied dans d'autres races dont étoit le noir Mahommed de Borneo; puis seulement quatre pouces, comme dans les noirs de Manille & de Mindoro; & qu'elle s'efface tout-à-fait dans la suite des générations. Toutes les formes animales changent & se perdent de-même graduellement & successivement, par la variation nécessaire des produits de la Nature. Puisqu'elle ne se répete point; chaque génération doit amener quelques différences, & ces différences sans cesse multipliées & accumulées doivent produire des altérations considérables dans le modele prototype: elles doivent supprimer d'anciennes parties, ou les multiplier, en engendrer de nouvelles, transformer les combinaisons, varier les résultats, & rendre à la fin ce modele original très-différent de lui-même. Elles peuvent déguiser certaines parties, les envelopper, les cacher, pour les remontrer sous une autre face dans de nouveaux produits. Après tout, cette queue, qui nous paroît si étrange, n'est que la multiplication des vertebres & le prolongement de la peau du dos: elle n'a rien de plus singulier que ce sixiéme doigt commun à presque toute une famille de Berlin (*), quoiqu'il disparoisse dans quelques individus.

(*) Jacob Ruhe, Chirurgien à Berlin, né avec six doigts à chaque main & à chaque pied, tient cette singularité de sa mère Elisabeth Ruhen qui la tenoit de sa mère Elisabeth Hortsmann, de Rostock. Elisabeth Ruhen la transmit à quatre enfans de huit qu'elle eut de Jean Christian Ruhe qui n'avoit rien d'extraordinaire aux pieds ni aux mains. Jacob Ruhe, l'un de ces enfans sexdigitaires, épousa à Dantsic en 1733 Sophie Louise de Thungen qui n'avoit rien d'extraordinaire: il en a eu six enfans; deux

CHAPITRE CVII.

2. *Les Negres.*

Il y a des Negres à queue: nous venons d'en voir plusieurs exemples. Cependant la plus grande partie des races negres n'en ont point. Cette large bande qui ceint le globe terrestre d'orient en occident, n'est presque toute habitée que par des peuples noirs qui ont des nez larges & écrasés, de grosses levres, de la laine au lieu de cheveux, & un esprit très borné qui s'éleve à peine de quelques degrés au dessus de l'instinct de la brute. Mr. de Buffon ne compte parmi les véritables noirs que ceux de Nubie, du Sénégal, du Cap-Verd, de Gambie, de Sierra-liona, de la côte des Dents, de la côte d'Or, de celle de Juda, de Congo, d'Angola, & de Benguale jusqu'au Cap-Negre. Les plus laids & les plus stupides sont ceux d'Angola, qui est aussi le pays des Orang-outangs. Outre leur difformité & leur stupidité, ils ont encore la force en partage, & ils sentent si mauvais lorsqu'ils sont échauffés, que l'air des endroits par où ils ont passé en est infecté pendant plus d'un quart-d'heure.

Les Negres n'ont pas tous la même laideur, ni la même teinte de noir, ni la même stature. Ceux d'Angola & de Congo sont les plus noirs, les plus laids, les plus petits, les plus dégoûtans. Ceux du Cap-verd sont bien aussi noirs, mais ils ont le corps mieux fait, les traits du visage moins durs, le naturel moins stupide & moins féroce. Les Sénégallois sont peut-être les mieux faits de tous, & les plus aisés à discipliner, mais

garçons ont été sexdigitaires. L'un d'eux, Jacob Ernest, a six doigts au pied gauche & cinq au droit, il avoit à la main droite un sixieme doigt, qu'on lui a coupé; à la gauche il n'a à la place du sixiéme doigt qu'une verrue. *Oeuvre de Maupertuis, Tome II.*

ils font moins forts que les autres. Les Bambaras font les plus grands, & les Negres créoles les plus spirituels & les plus adroits. Pour la couleur, les Jalofes qui habitent le bord méridional de la rivière du Sénégal font tous fort noirs, au Nord du même fleuve, on en trouve qui ne font que d'un brun foncé; ceux des Isles du Cap-verd font plûtôt jaunâtres que noirs. Les Negres de Serra-Liona ne font pas tout-à-fait aussi noirs que ceux du Senégal, mais ils le font plus que ceux du Cap-Verd. En étudiant les variétés de la couleur des races negres, on y trouvera toutes les teintes intermédiaires du noir au brun; en comparant leurs traits, leur taille, les proportions de leurs membres, on verra la Nature perfectionnant sans cesse, mais lentement, l'espece humaine en multipliant les générations, réformant chaque fois quelque trait. Combien lui a-t-il fallu de siécles pour laver la peau du Sénégallois, je ne dis pas par le mélange avec le sang du Blanc, mais par la gradation nécessaire des formes qui embrasse également la couleur des surfaces & la texture des parties (*)?

CHAPITRE CVIII.

8. *Les Hottentots.*

„ ON ne connoit guere les peuples qui habitent „ les côtes & l'intérieur des terres de l'Afrique depuis

(*) „ Le Blanc avec la Noire, ou le Noir avec la Blanche „ produisent également un Mulâtre dont la couleur est brune, „ c'est-à-dire mêlée de blanc & de noir; ce Mulâtre avec un Blanc „ produit un second Mulâtre *moins* brun que le premier; & si ce „ second Mulâtre s'unit de même à un individu de race blanche, „ le troisiéme Mulâtre n'aura plus qu'une nuance légère de brun „ qui disparoîtra tout-à-fait dans les générations suivantes: il ne „ faut donc que cent-cinquante ou deux cens ans pour [illegible]

» le Cap-Negre jusqu'au Cap des Voltes, ce qui fait
» une étendue d'environ quatre cens Lieues: on sait
» seulement que ces hommes sont beaucoup moins
» noirs que les autres Negres, & ils ressemblent assez
» aux Hottentots, desquels ils sont voisins du côté du
» midi. Ces Hottentots au contraire sont bien con-
» nus, & presque tous les voyageurs en ont parlé;
» ce ne sont pas des negres, mais des Caffres qui ne
» serroient que basanés s'ils ne se noircissoient pas la
» peau avec des graisses & des couleurs. M. Kolbe
» qui a fait une description si exacte de ces peuples,
» les regarde cependant comme des Negres, il assure
» qu'ils ont tous les cheveux courts, noirs, frisés &
» laineux comme ceux des Negres (†), & qu'il n'a
» jamais vu un seul Hottentot avec des cheveux
» longs: cela seul ne suffit pas, ce me semble, pour
» qu'on doive les regarder comme de vrais Negres;
» d'abord ils en different absolument par la couleur.
» M. Kolbe dit qu'ils sont couleur d'olive, & jamais
» noirs, quelque peine qu'ils se donnent pour le de-
» venir; ensuite il me paroît assez difficile de pronon-
» cer sur leurs cheveux, puisqu'ils ne les peignent ni
» ne les lavent jamais, qu'ils les frottent tous les jours
» d'une très grande quantité de graisse & de suie mê-
» lées ensemble, & qu'il s'y amasse tant de poussière &
» d'ordure que se colant à la longue les uns aux au-

» peau d'un Negre par cette voie du mélange avec le sang du
» Blanc, mais il faudroit peut-être un assez grand nombre de sié-
» cles pour produire ce même effet par la seule influence du cli-
» mat. Depuis qu'on transporte des Negres en Amérique, c'est-
» à-dire depuis environ deux cens cinquante ans, l'on ne s'est
» pas apperçu que les familles noires qui se sont soutenues sans
» mélange, aient perdu quelques nuances de leur teinte originelle:
» il est vrai que le climat de l'Amérique méridionale étant par
» lui-même assez chaud pour brunir ses habitans, on ne doit pas
» s'étonner que les Negres y demeurent noirs; pour faire l'expé-
» rience du changement de couleur dans l'espece humaine, il fau-
» droit transporter quelques individus de cette race noire du Sé-
» négal en Dannemarck, où l'homme ayant communément la peau
» blanche, les cheveux blonds, les yeux bleus, la différence du
» sang & l'opposition de couleur est la plus grande. Il faudroit

» tres, ils ressemblent à la toison d'un mouton noir
» remplie de crotte (*). D'ailleurs leur naturel est
» différent de celui des negres; ceux-ci aiment la pro-
» preté, sont sedentaires, & s'accoutument aisément au
» joug de la servitude; les Hottentots au contraire sont
» de la plus affreuse mal-propreté, ils sont errans, indé-
» pendans & très jaloux de leur liberté; ces différen-
» ces sont, comme l'on voit, plus que suffisantes pour
» qu'on doive les regarder comme un peuple diffé-
» rent des Negres que nous avons décrits.
» Gama, qui le premier doubla le Cap de Bonne-
» Esperance & fraya la route des Indes aux Nations
» Européennes, arriva à la baie de Sainte Helene le
» 4 Novembre 1497. il trouva que les habitans étoient
» fort noirs, de petite taille & de fort mauvaise mine
» (†), mais il ne dit pas qu'ils fussent naturellement
» noirs comme les Negres, & sans doute ils ne lui ont
» paru fort noirs que par la graisse & la suie dont ils
» se frottent pour tâcher de se rendre tels; ce voya-
» geur ajoute que l'articulation de leur voix ressem-
» bloit à des soupirs, qu'ils étoient vêtus de peaux
» de bêtes, que leurs armes étoient des bâtons dur-
» cis au feu, armés par la pointe d'une corne de
» quelque animal, &c. (‡). Ces peuples n'avoient
» donc aucun usage des arcs en usage chez les Negres.

» cloîtrer ces Negres avec leurs femelles, & conserver scrupuleu-
» sement leur race, sans leur permettre de la croiser: ce moyen
» est le seul qu'on puisse employer pour savoir combien il fau-
» droit de temps pour réintégrer à cet égard la Nature de l'hom-
» me; & par la même raison combien il en a fallu pour la chan-
» ger du blanc au noir." En tentant l'expérience inverse, on pourroit connoître combien il faudroit de temps pour noircir la peau des races blanches par la seule influence du climat, ou des autres causes naturelles.

(*) Description du Cap de Bonne-Esperance par M. Kolbe, Amsterdam 1741. page 95.

(†) Idem, pag. 92.

(**) Voyez l'Histoire générale des Voyages, par M. l'Abbé Prevost, Tome I. p. 22.

(‡) Ibidem.

„ Les voyageurs Hollandois disent que les Sauvages qui sont au Nord du Cap, sont des hommes plus petits que les Européens, qu'ils ont le teint roux-brun, quelques-uns plus roux & d'autres moins, qu'ils sont fort laids & qu'ils cherchent à se rendre noirs par de la couleur qu'ils s'appliquent sur le corps & sur le visage, que leur chevelure est semblable à celle d'un pendu qui a demeuré quelque temps au gibet (*). Ils disent dans un autre endroit que les Hottentots sont de la couleur des mulâtres, qu'ils ont le visage difforme, qu'ils sont d'une taille médiocre, maigres & fort légers à la course; que leur langage est étrange, & qu'ils gloussent comme des coqs d'Inde (†). Le Pere Tachard dit que, quoiqu'ils aient communément les cheveux presqu'aussi cotonneux que ceux des Negres, il y en a cependant plusieurs qui les ont plus longs & qui les laissent flotter sur leurs épaules, il ajoute même que parmi eux il s'en trouve d'aussi blancs que les Européens, mais qu'ils se noircissent avec de la graisse & de la poudre d'une certaine pierre noire dont ils se frottent le visage & tout le corps; que leurs femmes sont naturellement fort blanches, mais qu'afin de plaire à leurs maris elles se noircissent comme eux (§). Ovington dit que les Hottentots sont plus basanés que les autres Indiens, qu'il n'y a point de peuple qui ressemble tant aux Negres par la couleur & par les traits, que cependant ils ne sont pas si noirs, que leurs cheveux ne sont pas si crêpus, ni leur nez si plat (§§).

„ Par tous ces témoignages il est aisé de voir que les Hottentots ne sont pas de vrais Negres, mais des

(*) Voyez le Recueil des Voyages de la Compagnie de Hollande. p. 218.

(†) Idem, Voy. le Voyage de Spitzberg. p. 443.

(§) Voyez le premier Voyage du P. Tachard, Paris 1686, p. 108.

(§§) Voyez le Voyage de Jean Ovington. Paris 1725, p. 194.

hommes qui dans la race des noirs commencent à se rapprocher du blanc, comme les Maures dans la race blanche commencent à s'approcher du noir; ces Hottentots sont au reste des especes de Sauvages fort extraordinaires; les femmes surtout qui sont beaucoup plus petites que les hommes, ont une espece d'excroissance ou de peau dure & large qui leur croît au-dessous de l'os pubis, & qui descend jusqu'au milieu des cuisses en forme de tablier (*). Thevenot dit la même chose des femmes Egyptiennes, mais qu'elles ne laissent pas croître cette peau & qu'elles la brûlent avec des fers chauds: je doute que cela soit aussi vrai des Egyptiennes que des Hottentotes; quoi qu'il en soit, toutes les femmes naturelles du Cap sont sujettes à cette monstrueuse difformité, qu'elles découvrent à ceux qui ont assez de curiosité ou d'intrépidité pour demander à la voir, ou à la toucher. Les hommes de leur côté sont tous à-demi-eunuques, mais il est vrai qu'ils ne naissent pas tels & qu'on leur ôte un testicule ordinairement à l'âge de huit ans & souvent plus tard....

„ Tous les Hottentots ont le nez fort plat & fort large, ils ne l'auroient cependant pas tel si les meres ne se faisoient un devoir de leur applatir le nez, peu de temps après leur naissance, elles regardent un nez proéminent comme une difformité, ils ont aussi les levres fort grosses, surtout la supérieure, les dents fort blanches, les soucils épais, la tête grosse, le corps maigre, les membres menus; ils ne vivent guere passé quarante ans &c. (†)."

Voilà un fort vilain peuple dont l'Aspect hideux prouve que la Nature, qui en s'éloignant de l'equateur a éclairci le noir des races negres, en a pourtant

(*) Voyez la Description du Cap. par M. Kolbe Tome I. page 91. Voyez aussi le Voyage de Courlaf, page 291.

(†) Histoire Naturelle générale & particulière avec la Description du Cabinet du Roi. Tome VI. Edit. in-12. page 245 & suiv.

charge la laideur dans les Hottentots. Cette excroissance de la peau du pubis, particulière aux femmes, & beaucoup plus étrange que la queue des Negres de Manille & de Mindoro, leur stature petite & mal proportionnée, leur malpropreté, leur stupidité, leur naturel indisciplinable, leurs grosses lèvres, leur nez plat & large qu'ils s'efforcent d'aplatir encore davantage, leur vie plus courte de moitié que celle de l'homme, & leur voix semblable au cri du coq d'Inde ou à des soupirs, qui paroît faire la nuance du cris des jockos à la voix humaine; tout cela rapproche les Hottentots des brutes. On a dit que l'Orang outang étoit un animal sous un masque humain. On pourroit dire qu'un Hottentot est un homme déguisé sous les traits, la voix & les mœurs d'un animal.

CHAPITRE CIX.

4. *Des autres Caffres.*

La nouvelle Hollande nous offre des races Hottentotes assez semblables pour la couleur & la figure à celles que nous venons de décrire. Les Caffres de la côte orientale d'Afrique, par exemple, ceux de la terre de Natal, de Sofala, du Monomotapa, de Mozambique, de Melinde, de Madagascar & des Isles voisines; ainsi que les habitans des Maldives, de Ceylan, de la pointe de la presqu'isle de l'Inde, de Sumatra, de Malaca, des Philippines, &c. sont un peu débarbouillés. Ils sont plus grands, moins laids & moins mal-propres, que les Hottentots: ils ont en général le nez mieux proportionné, les membres moins menus, & quelques-uns ont une mine assez agréable quoiqu'ils soient extrêmement bruns. Ainsi les traits de l'humanité s'adoucissent sensiblement & prennent de la regularité, en remontant vers l'orient: c'est tout le contraire vers le nord.

CHAPITRE CX.

§. Les Lappons d'Europe, les Samoïedes d'Asie, les Sauvages du Détroit de Davis en Amérique.

Au Nord de l'Europe, de l'Asie & de l'Amérique, on trouve des hommes que l'on prendroit volontiers pour une race d'avortons contrefaits, tant ils sont petits & laids! Leur face est celle de l'Orang-outang, si elle n'est pas plus difforme: Un visage large & plat, un nez si peu proéminent qu'il ne s'élève presque pas au dessus de l'os de la machoire supérieure, une bouche extrêmement grande, des joues très élevées, un menton étroit & presque entièrement effacé, l'ouverture des yeux petite & retirée vers les temples, une grosse tête, des cheveux presque aussi durs que des crins, des oreilles grandes & rehaussées, enfin l'iris de l'œil jaune & le teint d'un brun jaunâtre: que l'on compare ce portrait à celui de l'Orang-outang, & que l'on décide lequel est le plus difforme (*). Pour achever cette caricature, figurez-vous un cou extrêmement court, un corps dur & nerveux, de quatre pieds de hauteur, quelquefois moins, une structure large & quarrée, des membres courts, gros & trapus: une voix grêle, peut-être semblable au sifflement que Mr. Linnaeus donne à l'homme-des-bois; du reste passant toute sa vie sous terre ou dans des cabanes enterrées dans les tenebres d'une nuit de plusieurs mois, & connoissant peu les maladies qui affligent l'humanité. Est-ce-là un homme?

Afin que l'on ne soit pas tenté de m'accuser d'avoir chargé les traits de ce portrait, je vais appuyer ce que je dis de quelques autorités respectables.

(*) Voyez ci-devant Chapitre CIV.

On trouve en Laponie & sur les côtes septentrionales de la Tartarie, dit Mr. de Buffon d'après des rélations autentiques, une race d'hommes de petite stature, d'une figure bizarre, dont la physionomie est aussi sauvage que les mœurs. Ces hommes paroissent avoir dégénéré de l'espece-humaine, ajoute ce savant Naturaliste. Tous ces peuples, savoir les Lappons, les Samoïedes, les Tartares septentrionaux, les Groenlandois, & le sauvages au Nord des Esquimaux, ont le visage large & plat (*), le nez camus & écrasé, l'iris de l'œil jaune-brun & tirant sur le noir (†), les paupières retirées vers les temples (§), les joues extrêmement élevées, la bouche très grande, le bas du visage étroit, les levres grosses, & relevées, la voix grêle, la tête grosse, les cheveux noirs & lisses, la peau basanée; ils sont très-petits, trapus quoique maigres; la plûpart n'ont que quatre pieds de hauteur, & les plus grands n'en ont que quatre & demi. Cette race est comme l'on voit, bien différente des autres, il semble que ce soit une espece particulière dont tous les individus ne sont que des avortons (c'est toûjours Mr. de Buffon qui parle); car s'il y a des différences parmi ces peuples, elles ne tombent que sur le plus ou le moins de difformité; par exemple, les Borandiens sont encore plus petits que les Laissons, ils ont l'iris de l'œil de la même couleur, mais le blanc est d'un jaune plus rougeâtre, ils sont aussi plus basanés, ils ont les jambes grosses, aulieu que les Lappons les ont menues. Les Samoïedes sont plus trapus que les Lappons, ils ont la tête plus grosse, le nez plus large, & le teint plus obscur, les jambes plus courtes, les genoux plus en dehors, les cheveux plus longs & moins de barbe.

(*) Voyage de Renard Tome I. de ses Oeuvres, p. 169. Voyez aussi il Genio Vagante del conte Aurelio degli Anzi in Parma 1691. & les Voyages du Nord faits par les Hollandois.
(†) V. Linnæi Fauna Suecia 1746. p. 1.
(§) Voyez la Martinière, page 39.

de barbe. Les Groenlandois ont encore la peau plus basannée qu'aucun des autres, ils sont couleur d'olive foncée; on prétend même qu'il y en a parmi eux d'aussi noirs que les Ethiopiens. Chez tous ces peuples, les femmes sont aussi laides que les hommes, & leur ressemblent si fort qu'on ne les distingue pas d'abord; celles de Groenland sont de fort petite taille, mais elles ont le corps bien proportionné, elles ont aussi les cheveux plus noirs & la peau moins douce que les Samoïedes; leurs mammelles sont molles & si longues qu'elles donnent à teter à leurs enfans par dessus l'épaule, le bout de ces mammelles est noir comme du charbon, & la peau de leur corps est couleur olivâtre très-foncée. Quelques voyageurs disent qu'elles n'ont de poil que sur la tête & qu'elles ne sont pas sujettes à l'évacuation périodique qui est commune à leur sexe; nous verrons bientôt ce qui a donné lieu à cette méprise. Elles ont le visage large, les yeux petits, très-noirs & très-vifs, les pieds courts aussi-bien que les mains, & elles ressemblent pour le reste aux femmes Samoïedes. Les Sauvages qui sont au Nord des Esquimaux, & même dans la partie septentrionale de l'Isle de Terre-neuve, ressemblent à ces Groenlandois; ils sont, comme eux de très-petite stature, leur visage est large & plat, ils ont le nez camus, mais les yeux plus gros que les Lappons (*).

Les Samoïedes, dit un savant qui en a vu plusieurs (†), sont pour la plûpart d'une taille au dessous de la moyenne: ils ont le corps dur & nerveux, d'une structure large & quarrée, les jambes courtes & menues, les pieds petits, le cou court & la tête grosse à proportion du corps, le visage applati, les yeux noirs & l'ouverture des yeux petite, mais alongée, le nez

(*) Voyez le Recueil des Voyages du Nord 1716. Tome I. p. 130 & Tome III. p. 6.

(†) Mémoire sur les Samoïedes & les Lappons. „ Quant à l'é-„ tymologie du nom de *Samoïedes*, dit l'Auteur de ce Mémoire, „ ceux qui en ont écrit sont peu d'accord entre-eux. Les uns

M

tellement écrasé que le bout en est à peu près au niveau de l'os de la mâchoire supérieure qu'ils ont très forte & élevée, la bouche grande & les levres minces; leurs cheveux noirs comme le jais, mais extrêmement durs & forts, leur pendent comme des chandelles sur les épaules; leur teint est d'un brun fort jaunâtre, & ils ont les oreilles grandes & rehaussées.

Les hommes, continue le même observateur aussi exact que judicieux, n'ont que fort peu ou presque point de barbe, & ils ont ceci de commun avec leurs femmes, que non plus qu'elles ils n'ont du poil sur aucune partie de leur corps, excepté à la tête. Cependant il reste encore à examiner si c'est par un défaut naturel qu'ils se trouvent sans poil, ou plûtôt par une qualité particulière à leur race, ou bien par le soin que prennent les deux sexes de se l'arracher partout où il pourroit en paroître, y attachant peut-être quelque idée de honte & de difformité. Ce qu'il y a de certain, c'est que les femmes ont un intérêt tout particulier à n'en point avoir, quand même la Nature leur en donneroit, puisqu'un mari, suivant les usages de ces peuples, seroit en droit de rendre à ses parens la fille qu'il auroit prise pour femme, & de leur demander la restitution de ce qu'il leur en auroit donné, s'il lui trouvoit un poil sur d'autres endroits du corps que sur la tête. Cependant, c'est là un cas qui,

---

» croient que ce nom-là répond à celui d'*anthropophages*, & qu'on
» le leur a donné à l'occasion de ce qu'on les a vu manger de la
» chair crue que l'on a prise pour de la chair humaine; d'où l'on
» avoit inféré qu'ils mangeoient les corps morts de leurs propres
» gens, aussi-bien que ceux de leurs ennemis, à la façon des
» Cannibales. Mais il y a long-temps que l'on est revenu de cette
» opinion; & l'on fait même, par la tradition de ces peuples,
» que pareil usage n'eut jamais lieu parmi eux. D'autres disent
» que le mot de *Samoïe* signifie en leur langue un *Habitant*, &
» que c'est delà que leur nom tire son origine. Cette dérivation
» seroit, ce semble, la plus naturelle, si la supposition sur la-
» quelle elle repose, n'étoit pas destituée de fondement. Mais
» comme il est certain, qu'il ne se trouve guere dans toute leur
» langue de mot qui approche de celui de Samoïe, & qu'ils se
» donnent eux-même dans leur propre langue le nom de *Ninez*

suivant les apparences existe fort rarement, quand même la Nature ne les auroit pas elle-même garantie à cet égard, parce que les Samoïedes ont coutume de les épouser fort jeunes, dès l'âge de dix ans. La Physionomie des femmes ressemble parfaitement à celle des hommes, excepté qu'elles ont les traits tant soit peu plus subtils, le corps plus mince, les jambes plus courtes, & les pieds très-petits; d'ailleurs il est fort difficile de distinguer les deux sexes par la physionomie. Ceux qui ont prétendu que les femmes Samoïedes ne sont point sujettes aux évacuations périodiques, se sont trompés; c'est une particularité sur laquelle j'ai pris des informations exactes: cependant il est vrai qu'elles ne les ont que très-foiblement & en petite quantité. Une autre particularité également constatée, c'est qu'elles ont toutes les mammelles plates & molles en tout temps, lors-même qu'elles sont encore pucelles, & que le bout en est noir comme du charbon, ce qui leur est commun avec les Lapponnes.

Quant aux sauvages qui habitent les terres du Détroit de Davis ils sont fort semblables aux Lappons d'Europe & aux Samoïedes d'Asie. Ils sont petits, trapus, d'un teint olivâtre: ils ont des jambes courtes & grosses. Les Sauvages de Terre-neuve sont aussi de petite taille, comme on l'a dit plus haut, ils n'ont

„ & celui de *Chasowa*, on voit bien que c'est-là une étymologie „ chimérique comme tant d'autres. Il vaudra donc mieux, à mon „ avis, en chercher une qui ait du rapport avec la langue des „ nations voisines. Et comme il est certain que les Finnois ont „ habité dans les temps reculés la plus grande partie des contrées „ du Nord, le mot de *Sooma*, qui signifie en langue Finnoise un „ *Marais* peut bien avoir servi d'origine au nom de Samoïede, „ comme il est vraisemblablement aussi l'étymologie du nom de „ *Samalantsch* que les Lappons se donnent dans leur propre lan„ gue, & encore celle du nom de *Somamises* que les Careliens „ affectent à leur Nation. Dans les Chanceleries Russiennes, les „ Samoïedes portent le nom de *Siroguetzi* qui désigne des gens „ qui mangent des choses crues. Voilà tout ce que j'ai pu dé„ couvrir de moins incertain sur la dérivation du nom de ces „ peuples."

que peu ou point de barbe, leur visage est large & plat, leurs yeux gros, & ils sont généralement assez camus. Le voyageur qui en donne cette description dit qu'ils ressemblent assez bien aux sauvages du continent septentrional & des environs du Groenland (*). On en peut conclure que tous les habitans du Nord tant de l'Europe que de l'Asie & de l'Amérique sont les plus misérables, les plus laids & les plus stupides de toute l'espece. Ces peuples si grossiers, menant une vie dure, triste & presque toute souterraine, parviennent néanmoins à une très-grande vieillesse.

CHAPITRE CXI.

6. *Sauvages au corps & au visage velus.*

Que le prototype a de peine à quitter les formes hideuses de la brute pour revêtir les belles formes de l'homme! Les Sauvages de la baie d'Hudson & du Nord de la terre de Labrador, ainsi que ceux du pays d'Yeço au Nord du Japon dans l'ancien continent, ressemblent aux Lappons d'Europe & d'Amérique en ce qu'ils sont laids, petits & malfaits comme eux; en ce qu'ils passent l'hiver sous terre, & l'été sous des tetes faites de peaux de bêtes, en ce qu'ils couchent tous pêle-mêle sans distinction comme eux, en ce qu'ils se nourrissent de chair crue ou de poisson cru, & qu'ils vivent long-temps comme eux; mais ils en different en ce que les Lappons & les Samoïedes n'ont que peu ou point de barbe, au lieu que ces sauvages-ci ont non-seulement une barbe très épaisse, mais encore presque tout le visage & le corps aussi velus, qu'un ours. Cette par-

(*) Voyez le Recueil des Voyages au Nord. *Rouen 1716.* Tome III. page 7.

ticularité les fait regarder, avec raison, comme une race séparée des autres.

CHAPITRE CXII.

7. *Les Ostiaques & les Tongusès.*

Les Ostiaques & les Tongusès sont la nuance entre les Lappons dont on vient de parler, & les Tartares dont il sera question dans le Chapitre suivant. Les Samoïedes & les Lappons sont environ sous le 68 ou 69me degré de latitude; les Ostiaques & les Tongusès sous le 60me degré; les Tartares au 55me degré le long du Volga. Les Ostiaques quoique petits & mal faits, sont peut-être un peu moins raccourcis & un peu moins laids que les Samoïedes. Les Tongusès sont un tant soit peu moins petits & moins laids. Ils vivent de poisson ou de viande crue, ils mangent la chair de toutes les especes d'animaux sans aucun apprêt, ils boivent plus volontiers du sang que de l'eau. Ils sont errans, grossiers, stupides & brutaux (*).

CHAPITRE CXIII.

8. *Les Tartares.*

La Nation Tartare prise en général, occupe des „ pays immenses en Asie, elle est répandue dans toute

(*) Histoire Naturelle générale & particulière, &c. Tome VI. Edit. in-12.

„ l'étendue de terre qui est depuis la Russie jusqu'à
„ Kamtschatka, c'est-à-dire, dans un espace de onze
„ ou douze cens lieues en longueur, sur plus de sept
„ cens cinquante lieues de largeur, ce qui fait un
„ terrein plus de vingt fois plus grand que celui de
„ la France. Les Tartares bordent la Chine du côté
„ du Nord & de l'Ouest, les royaumes de Boutan,
„ d'Ava, l'empire du Mogol & celui de la Perse jus-
„ qu'à la mer Caspienne du côté du Nord, ils se sont
„ aussi répandus le long du Volga & de la côte occi-
„ dentale de la mer Caspienne jusqu'au Daghestan,
„ ils ont pénétré jusqu'à la côte septentrionale de la
„ mer noire, & ils se sont établis dans la Crimée &
„ dans la petite Tartarie près de la Moldavie & de
„ l'Ukraine.

„ Tous ces peuples ont le haut du visage, fort large
„ & ridé, même dans leur jeunesse, le nez court &
„ gros, les yeux petits & enfoncées (*), les joues
„ fort élevées, le bas du visage étroit, le menton long
„ & avancé, la machoire supérieure enfoncée, les
„ dents longues & séparées, les sourcils gros qui leur
„ couvrent les yeux, les paupières épaisses, la face
„ plate, le teint basanné & olivâtre, les cheveux noirs;
„ ils sont de stature médiocre, mais très-forts & très-
„ robustes, ils n'ont que peu de barbe, & elle est par
„ petits épis comme celle des Chinois, ils ont les
„ cuisses grosses & les jambes courtes; les plus laids
„ de tous sont les Calmuques dont l'aspect à quelque
„ chose d'effroyable; ils sont tous errans & vaga-
„ bonds, habitans sous des tentes de toile, de feutre,
„ de peaux; ils mangent de la chair de cheval, de
„ chameau, &c. crue, ou un peu mortifiée sous la
„ selle de leurs chevaux, ils mangent aussi du poisson
„ desséché au soleil. Leur boisson la plus ordinaire
„ est du lait de jument fermenté avec de la farine de

(†) Voyez les Voyages de Rubrusquis, de Marc-Paul, de Jean Struys, du Père Avril, &c.

„ millet ; ils ont presque tous la tête rasée, à l'excep-
„ tion du toupet qu'ils laissent croître assez pour en
„ faire une tresse de chaque côté du visage. Les fem-
„ mes, qui sont aussi laides que les hommes, portent
„ leurs cheveux, elles les tressent & y attachent de
„ petites plaques de cuivre & d'autres ornemens de
„ cette espece....

„ Pour reconnoître les différences particulières qui
„ se trouvent dans cette race Tartare, il ne faut que
„ comparer les descriptions que les voyageurs ont
„ faites de chacun des différens peuples qui la com-
„ posent. Les Calmuques, qui habitent dans le voi-
„ sinage de la mer Caspienne, entre les Moscovites &
„ les grands Tartares, sont, selon Tavernier, des
„ hommes robustes, mais les plus laids & les plus dif-
„ formes qui soient sous le ciel ; ils ont le visage si plat
„ & si large que d'un œil à l'autre il y a l'espace de
„ cinq ou six doigts, leurs yeux sont extraordinaire-
„ ment petits, & le peu qu'ils ont de nez est si plat
„ qu'on n'y voit que deux trous au lieu de narines,
„ ils ont les genoux tournés en dehors & les pieds en
„ dedans. Les Tartares du Daghestan sont, après les
„ Calmuques, les plus laids de tous les Tartares : les
„ petits Tartares ou Tartares Nogais, qui habitent
„ près de la mer noire, sont beaucoup moins laids
„ que les Calmuques, mais ils ont cependant le visa-
„ ge large, les yeux petits & la forme du corps sem-
„ blable à celle des Calmuques. Les Tartares Vagolistes
„ en Sibérie ont le visage large comme les Calmuques,
„ le nez court & gros, les yeux petits, & quoique
„ leur langage soit différent de celui des Calmuques,
„ ils ont tant de ressemblance qu'on doit les regarder
„ comme étant de la même race. Les Tartares Bra-
„ tski sont, selon le Père Avril, de la même race que
„ les Calmuques. A mesure qu'on avance vers l'o-
„ rient dans la Tartarie indépendante, les traits des
„ Tartares se radoucissent un peu, mais les caractères
„ essentiels à leur race restent toujours ; & enfin les
„ Tartares Mongoux qui ont conquis la Chine, &

„ qui de tous ces peuples étoient les plus policés, sont
„ encore aujourd'hui ceux qui sont les moins laids &
„ les moins malfaits, ils ont cependant, comme tous
„ les autres, les yeux petits, le visage large & plat,
„ peu de barbe, mais toujours noire ou rousse (e),
„ le nez écrasé & court, le teint basanné mais moins
„ olivâtre. Les peuples du Thibet & des autres pro-
„ vinces méridionales de la Tartarie, sont, aussi bien
„ que les Tartares voisins de la Chine, beaucoup moins
„ laids que les autres (f)."

CHAPITRE CXIV.

9. *Les Chinois & les Japonnois, &c.*

Les Chinois descendent peut-être des Tartares auxquels ils ressemblent par plusieurs traits marqués. Les Chinois ont en général le visage large, les yeux petits, les sourcils grands, les paupières plates & élevées, le nez camus, quelques épis de barbe à chaque levre & fort peu au menton. Ils ont assez ordinairement la taille épaisse, le teint basanné & la stature commune: les femmes chinoises sont mieux faites que les hommes, au rapport des voyageurs, la taille plus dégagée, mais le nez également écrasé & les autres traits du visage à la Chinoise.

Les Japonnois sont assez, semblables aux Chinois: seulement ils sont plus jaunes, ou plus bruns; mais du reste, ils ont la taille ramassée, un visage large & plat, le nez écrasé, de petits yeux, & peu de barbe.

Nous mettrons ici les Cochinchinois, les Tunquinois, les Siamois, les Péguans, les habitans d'Aracan, de Laos,

(e) Voyez Palafox, p. 444.
(f) Histoire Naturelle générale & particulière &c, Tome VI, Edit. in-12.

& autres contrées voisines, qui ont tous des figures chinoises un peu variées; les Cochinchinois & les Tunquinois n'ont pas le visage aussi plat, ni le nez aussi camus que les Chinois. Les Siamois ont le corps mieux fait, mais leur front se rétrécit subitement & se termine autant en pointe que leur menton: ils ont aussi de petits yeux placés obliquement. Les habitans des Royaumes de Pégu & d'Aracan ont la forme du corps & la physionomie chinoises, ils sont seulement plus noirs.

CHAPITRE CXV.

10. *Les Indiens. Hommes à grosses jambes.*

Les peuples qui habitent la presqu'isle de l'Inde sont tous plus ou moins olivâtres ou jaunes. A cela près ils ressemblent assez aux Européens pour la taille & les traits du visage. Les corps y sont peut-être plus petits, sur tout dans les femmes, mais pour dédommagement les jambes & les cuisses sont fort longues.

Je dois pourtant distinguer parmi les Indiens, les habitans de Calicut qui forment comme deux races particulières, différentes entre elles, & différentes des autres races Indiennes. Les Naires de Calicut, qui sont les nobles, sont bien faits: ils ont une taille élevée; mais on voit parmi eux de certains hommes & de certaines femmes qui ont les jambes aussi grosses que le corps d'un autre homme. Cette difformité n'est point une Maladie, dit Mr. de Buffon (†), elle leur vient de naissance; il y en a qui n'ont qu'une jambe & d'autres qui les ont toutes les deux de cette grosseur monstrueuse; la peau de ces jambes est dure & rude comme une verrue: avec cela ils ne laissent pas d'être

(†) Au même endroit.

fort dispos. Voilà un étrange écart de la Nature dans le temps qu'elle commence à donner une plus belle forme à l'espece humaine. On trouve encore des hommes à grosses jambes à Ceylan Pour les Moucois, qui sont les Bourgeois de Calicut, ils semblent être d'une race inférieure à celle des autres Indiens: car ils sont, hommes & femmes, plus laids, plus jaunes, plus malfaits & plus petits (*).

CHAPITRE CXVI.

II. *Les Persans, les Arabes, les Egyptiens, les Maures.*

Tous ces peuples sont des nuances intermédiaires entre les Indiens & les habitans des climats les plus tempérés où sont les plus beaux hommes. Du vingtiéme degré de latitude septentrionale, au trente-cinquiéme, les corps, quoique d'une couleur brune & basannée, sont beaux & bienfaits: ils preparent par degrés le beau teint & les belles proportions. On trouve chez les Maures des femmes d'une extrême blancheur, d'un teint de lys & de roses, d'une taille grande & dégagée.

(*) Voyages de François Pyrard. Recueil des Voyages qui ont servi à l'établissement de la compagnie des Indes de Hollande. Voyage de Jean Huguens.

CHAPITRE CXVII.

12. *Les Espagnols, les Portugais, les François, les Anglois, les Hollandois, les Allemands, les Suédois, les Polonois, les Danois.*

Ces peuples Européens sont bien faits, ils ont les traits réguliers, les membres bien proportionnés, mais ils ne nous offrent point encore le chef-dœuvre de la Nature, cette beauté noble & sublime, qui plaît par elle-même, & non par les mignardises de l'art, ni par la ressource des passions, ni même par le prestige des graces, le supplément de la beauté. Ce qui marque la marche graduée & variée de la Nature, ce qui prouvé d'une maniere sensible par combien de nuances elle s'éleve lentement au suprême degré de la beauté, c'est que tous ces peuples ont un air national qui fait que chacun est différent des autres, & est aussi aisé à distinguer par la physionomie, que par le langage ou l'habillement. Les Espagnols tiennent beaucoup des habitans de la Barbarie par une taille maigre & assez petite, par un teint jaune & basanné; cependant ils ont une belle tête & de beaux yeux. Aux environs de Bidassou ils ont les oreilles d'une grandeur excessive. Les Portugais tiennent des Espagnols. Les François, les Anglois, les Hollandois & les Allemands sont plus blancs que les Espagnols & les Portugais, ils ont aussi une taille plus avantageuse. Ils sont encore éloignés de la perfection de l'espece humaine. En comparant les individus, on trouve que la plûpart sont audessous de la beauté médiocre. On rencontre partout des traits à demi-ébauchés, les nez aplatis, ou aquilins, des têtes communes, des figures qui ne signifient rien, des membres mal-assortis, des corps grêles ou trop chargés de chair, des statures raccourcis, des jambes massives, des mains grossièrement tournées; dans quelques provinces de la France & ailleurs près de la moitié de l'espece est contrefaite. Chez tous ces Européens, on compte les beaux hommes & les belles femmes: encore ce ne sont que des beautés nationales, c'est-à-dire des beautés suivant les idées qu'ont produites les plus belles formes du pays (*) parmi lesquelles on en trouveroit bien peu qui fussent dignes de servir de modeles aux peintres du vrai beau. Les Danois sont les plus blancs de tous les peuples. Mais ce blanc de lait trop éblouissant n'est pas favorable à la beauté; il est fade: il devroit être légérement bruni. Aussi, tout le reste égal, une blonde n'est pas aussi belle qu'une brune.

CHAPITRE CXVIII.

13. *Les Italiens, les Turcs, les Grecs, les Circassiens & les Géorgiens.*

Au centre des différentes nations nommées dans les deux Chapitres précédens, on trouve les Italiens, les Turcs, les Grecs, les Circassiens & les Géorgiens. Ces peuples sont, sans contredit, les plus belles races de l'espece humaine. Ils jouissent de tous les avantages naturels. C'est chez eux qu'il faut aller contempler le chef-d'œuvre de la Nature, les plus belles formes & la structure la plus excellente sous le plus beau ciel.

Dans les belles Provinces d'Italie, dit Mr. Winckelmann, on voit peu de ces figures ignobles que l'on rencontre à chaque pas au delà des Alpes. Les traits

(*) Ces idées de la beauté nationale sont si fortement empreintes dans l'esprit des Artistes que Rubens même, après avoir demeuré plusieurs années en Italie, n'a pu leur en substituer de plus parfaites, & a toujours dessiné ses figures comme s'il n'eût jamais vu que les formes de son pays.

y sont partout nobles & bien marqués; la forme du visage y est ordinairement grande & pleine, & parfaitement proportionnée dans toutes ses parties. Cette beauté de forme est frappante jusques dans le bas peuple. La tête du dernier artisan pourroit-être placée dans les compositions héroïques; & il ne seroit pas difficile de trouver parmi les femmes de la dernière classe du peuple, même dans les villages les moins considérables, un modele pour faire une Junon. Naples, qui jouit, plus que les autres provinces d'Italie, d'un ciel doux & tempéré, produit en quantité de ces formes dignes de servir de modele au beau ideal, c'est-à-dire au beau naturel, épuré, élevé jusqu'à la perfection divine (*). Si les Italiens, dit un Anglois, sont seuls capables, parmi les modernes, de peindre la beauté, c'est qu'ils ont la base de ce talent dans les belles figures qu'ils ont continuellement sous les yeux: cette contemplation assidue du beau naturel fait qu'ils le copient avec tant de vérité (†). On voit peu de visages grêlés en Italie.

C'est dans leur propre pays que les Artistes Grecs prirent les modeles de ces statues dont nous admirons les fragmens, & qui, toutes mutilées qu'elles sont, serviront éternellement de regle pour les belles proportions. Dans l'ancienne Grece, il y avoit des jeux publics où les jeunes-hommes venoient disputer le prix de la beauté. Les prêtres de plusieurs Dieux, ne pouvoient être que des adolescens qui eussent mérité ce prix (§). Il y avoit de semblables fêtes instituées pour les jeunes filles à Sparte, à Lesbos, à Paros. Polybe dit qu'aucune Nation ne pouvoit être égalée aux Grecs pour la beauté (§§). Le sang des Grecs modernes quoique fort melangé est encore renommé pour sa beauté.

(*) Histoire de l'Art chez les Anciens, Tome I. Traduction Françoise.
(†) Là-même.
(§) Pausanias Lib. VII. & IX.
(§§) Polyb. Lib. V.

On ne trouve point parmi eux de nez écrasé, celui de tous les défauts qui défigure le plus un visage. Un célèbre Anatomiste a observé que les têtes des Grecs & des Turcs ont la forme de l'ovale d'une plus belle proportion que les têtes des Allemands & des Flamands (*). Les Artistes Grecs fixèrent les idées de la beauté d'après les modeles de leur nation, & ces idées ont été universellement adoptées partout où les arts ont fleuri. On en retrouve les traits dans les mêmes contrées, ainsi que dans la Circassie & la Géorgie. On y retrouve le profil Grec, le premier caractère de la beauté du visage, qui n'admet qu'un enfoncement très doux & très léger entre le front & le nez; on y retrouve les sourcils des Graces, ce sont ceux des femmes Circassiennes, qui, par la finesse & la subtilité des poils, ne semblent être qu'un filet de soie recourbé; ce front moderément grand, poli, & également courbe dans tous les points qui se répondent; les yeux & les mains de la Pallas de Phidias; la taille riche & noble de la Venus Grecque; cette sublime harmonie de toutes les parties du corps qui frappe dans l'Antinoüs & dans Niobé. Un trait de beauté remarquable dans les femmes Georgiennes, Circassiennes & Turques, c'est la rondeur pleine du menton sans apparence de fossette. Cette fossette n'est en effet qu'un agrément accidentel qu'on ne trouve ni dans Niobé, ni dans ses filles, ni dans la Pallas que possede le Cardinal Albani, ni dans l'Apollon du Belvedere (†).

Le sang de Géorgie est si universellement beau qu'on ne trouve pas un laid visage dans ce pays, & la Nature a répandu sur la plûpart des femmes des graces qu'on ne voit pas ailleurs, elles sont grandes, bien-faites, extrêmement déliées à la ceinture, elles ont le visage charmant (‡). Les hommes sont aussi fort

(*) Vesal. de Corp. hum. fabrica. Lib. I. Cap. V.
(†) Histoire de l'Art chez les Anciens, par Mr. Winckelmann.
(‡) Voyages de Chardin: Histoire Naturelle générale & particulière &c.

beaux (§). Les femmes, dit Struys, sont fort belles & fort blanches en Circassie, & elles ont le plus beau teint & les plus belles couleurs du monde; le front grand & uni, les yeux grands, doux & pleins de feu, le nez bienfait, les levres vermeilles, la bouche riante & petite, & le menton comme il doit être pour achever un parfait ovale; elles ont le cou & la gorge parfaitement bienfaits, la taille grande & aisée, les cheveux du plus beau noir: Il est rare de trouver en Turquie des bossus ou des boiteux; les hommes y sont aussi beaux que les Géorgiens ou les Circassiens, les femmes y sont belles bienfaites & sans défaut. Il n'y a femme de Laboureur ou de paysan en Asie, dit Belon, qui n'ait le teint frais comme une rose, la peau délicate & blanche, si polie & si bien tendue qu'il semble toucher du velours. Cette peau douce, satinée & transparente est un don précieux de la température du climat. Les femmes Grecques sont peut être encore plus belles que les Turques; ou plûtôt il faudroit avoir des idées bien pure de la beauté pour décider laquelle de ces nations mérite la pomme. Les habitans de Isle de l'Archipel partagent aussi les avantages de la beauté avec leurs voisins.

CHAPITRE CXIX.

14. *Les Patagons, ou Géants.*

A l'éxtrémité australe de l'Amérique j'apperçois une nouvelle race d'hommes. Leur taille est le double de la nôtre, & leur corps a plus de huit fois le volume du nôtre.

(§) Il genio vagante del Conte Aurelio degli Anzi.

„ En 1520. Magellan étant proche du détroit appellé de son nom, fit descendre au port nommé depuis Saint-Julien, divers soldats & matelots. Ceux-ci étant entrés fort avant dans les terres, trouvèrent une maison, séparée en deux logemens. Dans l'une étoient trois hommes de la hauteur de dix pieds, & dans l'autre leurs femmes & leurs enfans. Ils amenèrent par adresse un de ces hommes à bord; les deux autres se sauvèrent. Ce Géant avoit le gosier si large qu'il y faisoit entrer une fleche de la longueur d'un pied & demi. Il étoit si fort qu'il fallut huit hommes pour le lier. Il mangeoit une corbeille de biscuit, & buvoit un sceau de vin. Cette terre fut appellée terre des Géants ou des Patagons & conserve encore aujourd'hui ce nom. Magellant trouva que les côtes de l'un & de l'autre côté du détroit étoient habitées par des peuples gigantesques; voici comment l'Auteur s'en explique.

„ Les habitans de l'un & de l'autre rive sont excessivement grands, presque tous de douze à treize pieds, même davantage. Ils ont la couleur blanche de-même que nos peuples septentrionaux, & la voix si grosse & si horrible, qu'ils semblent plûtôt meugler comme les bœufs & les éléphans, que former une voix humaine. Ils sont si vifs & si agiles à la course, qu'ils devancent les cerfs; ce qui est cause que difficilement nos arquebuses peuvent les attraper & atteindre, si ce n'est qu'ils cheminent en troupe, ou qu'ils soient pris à l'improviste. Une marque de leur grande force, est qu'un seul homme léve & porte un tonneau de vin dans les bateaux, & que trois ou quatre poussent à la mer un bâtiment qu'à-peine trente de nos hommes peuvent remuer. Ils ont des arcs très-grands dont les cordes sont de boyaux de bêtes sauvages de la grosseur du pouce. Le même Historien parlant des peuples du Chili voisins des Patagons dit qu'ils égalent ceux-

„ ci en

„ ci en grosseur & en grandeur, & qu'ils sont de douze „ pieds (*).

C'est à l'extrémité du Chili, vers les Terres Magellaniques, dit Mr. de Buffon, que se trouve, à ce qu'on prétend une race d'hommes dont la taille est gigantesque. Mr. Frezier dit avoir appris de plusieurs Espagnols qui avoient vu quelques-uns de ces hommes, qu'ils avoient quatre varres de hauteur, c'est-à-dire neuf ou dix pieds; selon lui, ces Géants, appellés Patagons, habitent le côté de l'est de la côte déserte dont les anciennes relations ont parlé.... En 1709 les gens du vaisseau le Jaques, de Saint-Malo, virent sept de ces Géants dans la baie Grégoire, & ceux du vaisseau le Saint-Pierre, de Marseille, en virent six dont ils s'approchèrent pour leur offrir du pain, du vin & de l'eau-de-vie qu'ils refusèrent quoiqu'ils eussent donné à ces matelots des fleches, & qu'ils les eussent aidés à échouer le canot du Navire (†).

Mr. de Buffon paroît douter qu'il existe en effet une race d'hommes toute composée de Géants, & il regarde toute grandeur au delà de six pieds comme un accident, & non une différence constante dans l'espece humaine. Plusieurs savans ont nié tout-à-fait l'existence des Géants, c'est-à-dire d'homme de dix à douze pieds (§).

Mr. de Maupertuis disoit, dans sa lettre sur le progrès des Sciences, que cette terre des Patagons située à l'extrémité australe de l'Amérique méritoit d'être examinée. Tant de Relations dignes de foi, ajoutoit-

---

(*) Histoire Universelle des Indes, Occidentales par Witsliet; Telliamed, Tome II.

(†) Voyez le Voyage de Mr. Frezier, Paris 1732. page 75 & suiv. Histoire Naturelle générale & *particulière* &c. Tome VI. Edit. in-12.

(*) Au 1er. Livre de Moïse Chap. III. vers 1. On lit. La „ 14me Année Kedorlaomer vint avec les Rois ses alliés, & il „ défit les *Rephaïms* dans le Pays *d'Asftaroth*, les *Zuzimes* dans „ le pays de *Ham*, & les *Emimes* dans le pays de *Kiriathaïm*." L'Interprète grec prend la liberté de traduire ainsi la fin du

il, nous parlent de ces Géants qu'on ne sauroit guère raisonnablement douter qu'il n'y ait dans cette region des hommes dont la taille est fort differente de la nôtre. Les Transactions Philosophiques de la société Royale de Londres parlent d'un crâne qui doit avoir appartenu à un de ces Géants, dont la taille par une comparaison très-exacte de son crâne avec les nôtres, devoit être de dix ou douze pieds (*). A examiner philosophiquement la chose, on peut s'étonner qu'on ne trouve pas entre tous les hommes que nous connoissons la même varieté de grandeur que l'on observe dans plusieurs autres especes: pour ne s'écarter que le

---

verset, & *il défit les Géants qui étoient dans le pays d'Astarot.* On est étonné de trouver des Géants dans la version Grecque, des Géants dont l'Original ne dit mot. Les interprétations, que les Rabbins font des noms *Rephaïm*, *Zusim*, *Nephilim*, *Enakim*, *Emim*, ne prouve nullement que ce fussent des peuples de Géans, mais seulement des hommes courageux, cruels, intrépides, forts & robustes, qui avoient l'air menaçant & l'oeil ardent comme le Lion, ainsi qu'il est écrit au Chap. XII. de Nombres.

Les Espions que Moïse envoya à la découverte de la terre promise rapportèrent „ qu'ils avoient vû les peuples de *Nephilim*,
„ issus des anciens *Onakims*, & que les Israëlites auprès d'eux
„ n'étoient que des Cigales."

Supposons que la taille des Israëlites étoit au-dessous de cinq pieds, & que celle des peuples de *Nephilim* fut de cinq piés cinq pouces; il n'en faut pas davantage pour qu'ils parussent des Géans aux yeux d'un espion lache & timide à qui la fraicur grossit les objets. Les peuples du pays de Canaan étoient par rapport au peuple Juif, comme aujourd'hui. Ceux de la Zone tempérée par rapport à ceux de la Zone glaciale ou de la Zone torride: comme les germains que Tacite appelle *homines immensæ proceritatis*, à l'égard des Lappons qui ne sont auprès d'eux que des Cigales.

Il y a dans chaque nation des hommes extraordinaires en force & en hauteur à Paris on vit en 1756. un homme de 7 pieds 5 pouces 6 lignes. Tel étoit Goliath parmi les Philistins l'histoire sainte nous a laissé la mesure exacte de sa taille: il avoit 6 coudées & trois palmes de haut. La palme étoit la largeur de quatre doigts. La Coudée revient à peu près au pié de Roi. Goliat avoit donc environ 6 piés huit pouces, taille assez extraordinaire pour le peuple Juif qui n'avoit guère plus de cinq piés.

Le Chevalier Hans Sloane donna le 10 Decembre 1727 une dissertation Critique, imprimée dans les memoires de l'Academie des Sciences de Paris ou il fait voir que les dents & les os des

moins qu'il est possible de la nôtre, d'un Sapajou à un gros Singe, il y a plus de différence que du plus petit Lappon au plus grand de ces Géans dont les voyageurs nous ont parlé.

Ces hommes mériteroient sans doute d'être connus, continue Mr. de Maupertuis : la grandeur de leurs corps seroit peut-être la moindre chose à observer : leurs idées, leurs connoissances, leurs histoires, seroient bien encore d'une autre curiosité (†).

On ne tardera peut-être pas long-temps à être à même de faire ces recherches. Les derniers vaisseaux Anglois, qui ont passé le détroit de Magellan, ont en-

---

prétendus géants ne sont en effet que les dents & les os des Elephans, des Baleines, de l'Hipopotame ou d'autres bêtes semblables. Il en est de même des squelettes de 12 de 20, de 30 coudées dont parle Philostrate, celui de 46 coudées qu'on trouva selon Pline dans la Caverne d'une montagne en Crète ; celui de 60 Coudées dont parle Strabon, qui fut trouvé en Mauritanie, & qu'on prit pour le squelette d'Anthée. Tel est encore le squelette Elephantin qui fut trouvé près de Trapani en Sicile, & qu'on prit pour Poliphême lui-même.

En 1630. Un Gentilhomme de Tunis aiant découvert un squelette d'une grandeur prodigieuse, en envoya une dent au savant M. Peyresch : tous ceux à qui il la montra la prirent pour la dent d'un Géant. Quelque tems après un Elephant en vie aiant été montré à Toulon, Mr. Peyresch donna ordre de l'amener à sa maison de Campagne, dans le dessein d'en examiner à loisir les dents, dont il fit prendre l'impression en cire, & trouva que la pretendue dent de Géant qui lui avoit été envoyée de Tunis, étoit la dent molaire d'un Elephant.

En 1678. On envoya de Constantinople à *Vienne* une dent que l'on disoit avoir été trouvée aux environs de Jerusalem dans une caverne souterraine fort spacieuse, ou il y avoit le tombeau d'un Géant avec cette inscription en caractères Caldaïques. *Ci git le Géant Hog.* d'où l'on conjecturoit que c'avoit été la dent de Hog Roi de Basan qui fut defait avec tout son peuple les Rephaims par Moïse : Mais on trouva que c'étoit la dent d'un Elephant. L'Empereur a qui on vouloit la vendre deux mille écus la fit renvoyer à Constantinople.

Voilà à peu près tout ce qu'on a dit pour prouver qu'il n'y a point de Géants ; mais ces raisonnemens ne peuvent rien contre la réalité des faits.

(*) Transact. Philos. No. 168 & 169.

(†) Lettre sur le progrès des Sciences, dans les Oeuvres de Mr. de Maupertuis Tome II.

fin reconnu la verité de ce qu'on n'avoit jusqu'ici regardé que comme douteux ou seulement vraisemblable. On n'a pas vu seulement quelques uns de ces Géants, on en a vu une horde de plus de trois cens. On en a amené en Europe; & nous sommes à la veille de découvrir bien des particularités concernant les terres australes & ces grands hommes qui les habitent. L'existence d'un nombre aussi considérable étant une fois constatée, on ne peut plus dire que leur grandeur extraordinaire est un simple accident. Ce doit être une varieté constante dans l'espece. Une simple différence individuelle ne pourroit pas porter la grandeur de l'homme au double, & son corps à un volume huit fois plus considérable que le volume ordinaire.

QUATORZIEME PARTIE.

CHAPITRE CXX.

Les Monstres.

Il manqueroit quelque chose au Traité de la gradation naturelle de l'Etre, si j'oubliois de parler de certaines formes particulières, que nous appellons monstrueuses parce qu'elles semblent s'éloigner de la régularité & de l'uniformité des autres productions naturelles. Ces combinaisons bisarres des élémens de l'animalité, que l'on attribue assez communément à des accidens, sont distribués le long de la chaîne des Etres, & me semblent entrer dans le plan général. Ces variations de la forme prototype, qui, en comparaison des autres, admettant un excès, un défaut, une difformité ou un déplacement de parties, n'ont point la constance des autres formes: elles ne font souvent que se montrer & disparoître, sans engendrer des formes analogues. Car si la monstruosité est à un certain degré, c'est-à-dire, si elle apporte de tels changemens dans l'organisation du sujet qu'elle affecte, que cet individu ait plus de traits de différence, que de rapports de conformité avec les autres Etres, il se trouve isolé, sans pareil auquel il puisse s'unir avec succès, & conséquemment incapable de produire. Mais la difformité ne va pas toujours jusqu'à ce point, & lorsqu'elle ne se trouve que dans les extrémités, ou avec un tel tempérament qu'elle n'occasionne point de desordre considérable dans l'économie organique, loin de nuire à la génération, elle se perpétue, elle se transmet de proche en proche, quelquefois avec des caprices & des changemens qui ont quelque chose d'étrange. La famille des sexdigitaires, dont nous avons parlé plus haut, en est une preuve suffisante.

Les Pierres, les plantes & les animaux ont leurs monstres, c'est-à-dire des individus qui s'éloignent des formes ordinaires, selon l'idée que nous nous en sommes faite: car le mot de *monstre*, comme celui d'*espece*, exprime un simple rapport qui n'a d'existence que dans notre façon de concevoir. Après avoir circonscrit les œuvres de la Nature dans de certaines bornes de régularité & d'uniformité, nous appellons monstre tout ce qui s'en écarte; tout comme après avoir divisé ses productions, nous appellons espece différente chaque collection d'Etres que produit cette division de l'ensemble. Etendons la sphère de nos idées: ne formons point de petits systêmes dans un grand. Croyons que les formes les plus bizarres en apparence, à quelque degré qu'elles le soient, appartiennent nécessairement & essentiellement au plan universel de l'Etre; que ce sont des métamorphoses du prototype aussi naturelles que les autres, quoiqu'elles nous offrent des phénomènes différens; qu'elles servent de passage aux formes voisines; qu'elles préparent & amenent les combinaisons qui les suivent, comme elles sont amenées par celles qui les précédent; qu'elles contribuent à l'ordre des choses, loin de troubler. Ce n'est peut-être qu'à force d'êtres que la Nature parvient à produire des Etres plus réguliers, & d'une organisation plus symmétrique. Qui nous répondra qu'au commencement il n'y a pas eu beaucoup plus de ces produits monstrueux, que de formes plus régulièrement organisées? Si c'est le contraire aujourd'hui, c'est que ces monstres manquent des facultés nécessaires pour se reproduire, la faculté générative étant attachée à une certaine combinaison d'organes plus régulières, ils ont du périr, & laisser la place aux Etres mieux organisés. Les formes néanmoins n'en sont pas tout-à-fait perdues, & nous en voyons reparoître quelques-unes de temps à autre. Ce n'est point un vice dans la Nature, que dans la multitude infinie des combinaisons de la matière il y en ait qui ne doivent que se montrer & disparoître, parce qu'elles ne sauroient subsister par elles-mêmes.

Les Etres éloignés dans l'échelle sont des monstres les uns par rapport aux autres, parce que leur forme est très dissemblable soit pour le nombre, l'espece, ou la situation des parties. Sans comparer des Etres éloignés, prenons des individus de la même espece, mais de race différente: un homme à queue de Bornéo, ne seroit-il pas un monstre à Paris? Une femme Hottentote avec son tablier de chair ne seroit-elle pas un monstre dans un sérail de Constantinople? Il y a des races d'hommes dont la tête est si enfoncée entre les épaules, qu'elle semble occuper la place de la poitrine. Il y en a d'autres dont une jambe grosse comme le corps, fait disparoître l'autre qui est grêle & menue, de sorte que ces hommes semblent n'avoir qu'une jambe & un pied. Toutes ces conformations monstrueuses ne le sont que comparativement & suivant les idées que nous nous sommes forgées d'après les formes qui se présentent le plus communément à nos yeux, & que nous voyons se succéder avec le plus d'uniformité.

Peut-être que, dans quelques-uns des mondes qui roulent sur nos têtes, les Etres qui sont réputés informes dans le nôtre, composent des races constantes parmi lesquelles nous serions des monstres. On n'y voit pas de contradiction.

CHAPITRE CXXI.

Des Monstres fossiles.

On ne peut guère douter que parmi les pierres & les métaux, il n'y ait de ces Etres bizarres & ambigus qui s'écartent de la conformation ordinaire de leur espece. Il peut y en avoir parmi les sels, dans le regne aqueux. Mais comme le plan des premières combinaisons de la matière, est moins régulier dans ses proportions relativement aux Etres supérieurs, les monstres fossiles doivent nous être moins sensibles: ce qui fait que nous ne sommes pas en état d'en juger. Ces concrétions pierreuses, les stalactites, les prétendues petrifications ne seroient-elles point autant de developpemens monstrueux des germes lapidifiques, ou de combinaisons vicieuses des élémens des pierres?

CHAPITRE CXXII.

Des conformations monstrueuses parmi les végétaux.

Les monstres ne sont pas rares parmi les végétaux: ils le seroient encore moins, si l'on y faisoit plus d'attention. Un citron qui en renferme un autre; une poire qui en enfante une seconde, & celle-ci jettant par sa tête une branche & plusieurs feuilles; une autre poire dont la partie supérieure porte presqu'au milieu du calice un bouton duquel sortent deux petites feuilles & cinq fleurons auprès des feuilles, garnis chacun de leurs étamines & pistils; une rose du centre de laquelle s'éleve une branche de rosier, telle que les nouvelles pousses ou bourgeons des rosiers; trois roses qui s'élevent graduellement l'une sur l'autre le long de la même tige (*), sont autant de productions végétales où le cours ordinaire de la Nature paroît dérangé & même renversé.

(*) Voyez les Mémoires de l'Académie Royale des Sciences de Paris. Le Journal des Savans, an. 1679. Les Nouveaux Commentaires de l'Académie Impériale de Petersbourg. Tome VI. & le Livre intitulé: *de La Nature* Tome IV.

CHAPITRE CXXIII.

Animaux Monstrueux.

Quatre especes de Monstres.

On divise les Monstres en quatre especes suivant la nature de leur difformité qui peut se rapporter à quatre chefs principaux.

Première espece.

La première espece comprend les monstres qui le sont par la conformation extraordinaire de quelques-unes de leurs parties, quoique du reste le nombre & la place de ces parties soient comme dans les autres individus.

Seconde espece.

On met dans la seconde espece des monstres tous ceux qui ont quelque partie déplacée, eût-elle d'ailleurs la conformation qu'elle doit avoir.

Troisiéme espece.

La troisiéme espece de monstres renferme ceux à qui il manque quelque partie soit extérieure, soit interne; & on les nomme *monstres par défauts.*

Quatrième espece.

Les monstres de la quatriéme classe sont ceux qui ont plus de parties que l'état naturel ne le comporte, qui, par exemple ont deux têtes sur un corps, ou deux corps sous un tête, six doigts à une main, ou à un pied, ou aux deux mains & aux deux pieds, &c. On nomme ceux-ci *Monstres par excès.*

N 5

Il y a des monstres qui n'appartiennent qu'à une de ces quatre classes; il y en a aussi qui appartiennent à deux classes, à trois classes, ou même aux quatres, ayant des traits de difformité de plusieurs ou de tous les genres: car il y en a qui ont quelques parties d'une conformation monstrueuse, qui ont d'autres parties déplacées, qui manquent de certains membres, & qui en ont d'autres superflus.

En Géomètrie, entre deux figures regulières, telles que le triangle équilatéral & le quarré ou le cercle, il y un très-grand nombre de figures irrégulières. C'est la même chose dans les formes de l'Etre; & ceux qui ont regardé les monstres comme des intermédiaires entre les productions plus régulières, par où le prototype a du passer avant que de revêtir des formes mieux ordonnées, ont soutenu un sentiment très-conforme à la marche de la Nature, qui a du remplir toutes les nuances, & conséquemment faire bien des monstres tant par défaut que par excès, tant par la conformation extraordinaire que par le déplacement de leurs parties, avant que de produire des systèmes organiques aussi bien symmétrisés que ceux qui nous ont fourni la matière de cet ouvrage. Combien d'essais ont du précéder le juste nombre & la proportion exacte des parties, qui nous frappent dans les œuvres de la Nature?

CHAPITRE CXXIV.

Monstres qui sont tels par la conformation extraordinaire de quelques-unes de leurs parties, soit intérieures ou extérieures.

LES premiers monstres de cette espece sont les mulets dont la conformation totale s'éloigne plus ou moins de celles des deux individus dont ils proviennent. Le mulet ne ressemble ni à l'âne ni au cheval, & n'est réellement ni âne ni cheval, quoiqu'il participe de la nature de l'un & de l'autre. Le mulet provient ou d'un cheval & d'une ânesse, ou d'un âne & d'une cavalle, ou d'un onagre & d'une jument. Le mulet provenu d'un âne & d'une cavalle, ressemble beaucoup à l'âne par la forme du corps, la longueur des oreilles & la brieveté de la crinière, mais il ressemble plus à la cavalle par la grandeur. Comme l'âne, il a une queue longue qui n'a de crins qu'à son extrémité. Sa couleur la plus ordinaire est le noir, ou un brun noirâtre. Il braie comme l'âne, & comme lui, il a sur le dos une croix d'une couleur plus foncée que celle du reste du corps (*).

Il est très rare que le mulet & la mule engendrent, quoiqu'ils soient fort chauds & ardens pour l'accouplement: cependant on vit en 1703 une mule à Palerme, en Sicile; qui à l'âge de trois ans engendra un poulain; elle le nourrit de son lait dont elle avoit une assez grande abondance (†).

Le mulet qui provient de l'accouplement du coq avec la femelle d'un canard, est une espece de Canard qui a les pieds parfaitement ressemblans à ceux du coq.

On peut mettre au nombre des mêmes monstres les deux œufs suivans qui n'avoient d'autre monstruosité que les marques singulières empreintes sur leur coque. Le soir du Lundi 2 Decembre 1680. lorsque la comete se voyoit au ciel, une poule qui n'avoit point encore fait d'œufs, après avoir chanté d'une façon & d'un ton plus aigu qu'à l'ordinaire, & fait beaucoup de bruit, fit un œuf d'une grosseur au-delà de la grosseur naturelle, marqué non d'une comete, mais de plusieurs étoiles. Quelques années auparavant on avoit montré à Mr. Cassini à Boulogne une coque d'œuf

---

(*) Dictionnaire d'Histoire Naturelle au mot *Mulet*.
(†) Là-même, & Mémoires de Trévoux Octobre 1703, p. 82.

fur laquelle étoit empreint en relief un foleil parfaitement bien formé, & on l'affura que cet œuf avoit été pondu tel pendant le temps d'une éclipfe de foleil (*).

On doit ranger encore dans la même claffe un enfant affez bien conformé à l'extérieur mais à qui toutes les articulations manquoient. Tous fes os étoient foudés enfemble, deforte qu'ils ne formoient qu'un feul os continu (†).

CHAPITRE CXXV.

Monftres qui font tels par le déplacement de quelques-unes de leurs parties, tant externes qu'intérieures.

Nous ne rapporterons que trois exemples de cette feconde efpece de monftres. 1. Un enfant dont la partie inférieure du corps étoit tournée à contre-fens, c'eft-à dire le devant derrière, & le derrière devant. L'épine du dos étoit contournée de telle forte que la face, la poitrine, & le ventre étoient vus par devant, tandis que les parties extérieures de la génération, les genoux & les pieds fe trouvoient tournés vers le derrière du corps. 2. Un Soldat invalide, mort à 72 ans, dont toutes les parties internes de la poitrine & du bas-ventre étoient tranfpofées, celles du côté droit étant fituées au côté gauche, & celle du côté gauche occupant le côté droit, mais fans aucune confufion. Ce déplacement ne nuifit en rien aux fonctions vitales: ce qui prouve que cette tranfpofition eft indifférente en elle-même. Peut-être que ce Soldat l'avoit hérité de fon père, & qu'il l'auroit tranfmife à fes enfans s'il en avoit eu. Cet homme avoit donc le cœur à

(*) Journal des Savans An. 1681.

(†) Mémoires de l'Académie Royale des Sciences de Paris, An. 1716.

droite & le foie à gauche. Ce Soldat fut disséqué à Paris en 1688 par Mr. Lemery. On avoit vu dans la même ville en 1650 une transposition de parties semblables dans le meurtrier qui tua un Gentilhomme croyant tuer le Duc de Beaufort, & dont le corps après avoir été roué fut ouvert & disséqué par Mr. Bertrand, Chirurgien. Le Cadavre du Sr. Audran, Commissaire du Régiment des Gardes à Paris, ouvert après sa mort en 1657. offrit un déplacement pareil des viscères. Frederic Hoffmann, avoit eu aussi occasion d'observer ce phénomène dans un sujet qu'il avoit disséqué. Ces exemples font voir que la situation ordinaire de ces parties n'est pas absolument nécessaire à la vie, & que la situation contraire ne s'observe si rarement que par le petit nombre des dissections que l'on fait. D'ailleurs ces monstres peuvent engendrer, & en se multipliant perpétuer leur conformation singulière (*). 9. Un fœtus monstrueux qui avoit le cœur en dehors, pendu au cou. Voilà un déplacement des plus bisarres que l'on puisse voir.

CHAPITRE CXXVI.

Monstres par défaut.

AGNEAU fœtus, sans tête, sans poitrine, sans vertebres & sans queue: il avoit seulement une espece de ventre au bout duquel étoient les cuisses, les jambes & les pieds de derrière.

A Quimper-Corentin en Basse-Bretagne, en 1683. nâquit un petit monstre fort singulier: un chien de la longueur & de la grosseur d'une belette, avec des pieds de taupe, sans gueule & sans yeux. La Nature n'avoit rien fait pour suppléer au défaut de ceux-ci;

(*) Là-même, Année 1733.

mais à la place de la gueule, elle lui avoit donné une espece de petite trompe pour sucer, & se nourrir à la façon des insectes qui ont une trompe. Il vecut trois jours (*).

Un autre chien n'avoit qu'un œil, & point de nez ni de gueule. Sa tête difforme n'étoit qu'une masse à peu près ronde ou oblongue, sans autre accompagnement que deux oreilles & un œil. Le reste du corps n'avoit rien de monstrueux.

Nous avons parlé d'hommes à six doigts à chaque main & à chaque pied. Un autre homme n'avoit à chaque main que le seul doigt index, sans qu'il parût aucun vestige de tous les autres doigts, excepté une portion du pouce que l'on sentoit sous la peau en touchant ces mains difformes (†).

Un enfant venu à terme, bien formé & bien nourri, mourut presque en naissant, il fut ouvert: on trouva qu'il n'avoit que la base du crâne, & point de cerveau ni de cervelet. C'étoit une fille. Un autre enfant mâle vecut douze ou quinze heures, quoiqu'il n'eût aucune trace de cerveau ni de cervelet, mais seulement un grand espace vuide à leur place. Un fœtus monstrueux n'avoit ni cervelle ni cervelet, ni moëlle épinière. Un enfant venu à terme, n'ayant aussi ni cerveau ni moëlle épinière, a pourtant vecu 21 heures. Mr. de Littre disséqua en 1701 un fœtus monstrueux qui avoit vecu huit mois dans le sein de la mère où elle l'avoit senti, remuer jusqu'à ce temps. Il n'avoit que la base du crâne. Cette base étoit couverte d'une membrane qui étoit double, d'un tissu fort serré, & qui ne contenoit dans sa duplicature aucun vestige de moëlle, mais seulement les nerfs & les vaisseaux sanguins, qu'on trouve ordinairement à la base du crâne. Les nerfs avoient sensiblement leur commencement à la superficie inférieure de la partie

(*) Journal des Savans, An. 1683.
(†) Mémoires de l'Académie Royale des Sciences de Paris, an. 1733.

supérieure de la membrane qui les renfermoit & ils faisoient trois lignes de chemin dans la duplicature, avant que de sortir de la base du crâne pour s'aller distribuer aux autres parties du corps. Enfin le canal de l'épine de ce fœtus monstrueux, étoit ouvert par derriére dans toute sa longueur, de la largeur de neuf lignes. Il étoit tapissé de la même membrane que la base du crâne; elle étoit de même vuide de moëlle & contenoit seulement les nerfs, & les vaisseaux sanguins particuliers à l'épine. Ses deux parties étoient tellement colées ensemble ou avec les vaisseaux qui étoient dans sa duplicature, qu'il ne restoit entre elles aucune apparence de canal (*).

En 1709. Mr. Mery reçut d'un Medecin Danois la description d'un fœtus à terme monstrueux par la tête. Elle étoit plus petite qu'à l'ordinaire, & sa face presque toute couverte de poils avoit quelque chose d'affreux. Au milieu du front, il y avoit une petite protubérance charnue, & directement au-dessous un œil de figure triangulaire, revêtu de ses paupiéres garnies de leurs cils; mais la supérieure n'avoit point de sourcils. Ce fœtus n'avoit que ce seul œil dont on distinguoit parfaitement bien la conjonctive, la cornée transparente & la prunelle. Il n'avoit ni bouche, ni nez; de-là vient, dit-on, qu'il ne pouvoit pas respirer, ce qui lui a causé la mort peu de jours après être sorti du sein de sa mére. Les oreilles occupoient la place du menton, mais elles n'avoient point de conduit exterieur. Nous avons dit que ce petit monstre n'avoit point de nez; il ne faut pas oublier aussi qu'il n'avoit point de nerf olfactif, & que l'os ethmoïde étoit sans trous; il auroit donc été privé de l'odorat s'il eût vécu (†).

Un autre fœtus sans nez, & avec un seul œil placé au milieu du front, offre des circonstances un peu

(*) Histoire de l'Académie Royale des Sciences de Paris.
(†) Là-même, An. 1709.

différentes. La place du nez, étoit unie, plate & de niveau avec le reste de la face: la peau n'en étoit percée d'aucune ouverture; le dessous de cette peau étoit solide, n'ayant point les creux nécessaires pour former les deux fosses nasales, & pour loger les lames osseuses avec la membrane qui les tapisse; aussi tout cela manquoit, & on n'en observoit aucun vestige. Le visage portoit un seul œil placé au centre de la partie inférieure du front, comme on nous depeint celui des Cyclopes. Il y avoit pourtant deux sourcils qui avoient conservé leur place ordinaire ainsi que les deux paupières denuées de cils. Le globe de l'œil étoit rond à l'ordinaire, & composé de la conjonctive, de la sclérotique & d'une cornée de figure ovale. Au travers de cette cornée on distinguoit deux petits corps ronds. Le globe ouvert, on n'y vit point de choroïde, mais on reconnut que les deux petits corps ronds étoient les deux yeux renfermés sous une même enveloppe & posés l'un à côté de l'autre. Quoiqu'ils n'eussent qu'un globe commun, ils avoient chacun son nerf optique, sa rétine, ses ligamens ciliaires, son iris, son humeur vitrée, son crystallin. Il n'y avoit que l'humeur aqueuse qui leur fût commune. Toutes leurs parties étoient fort petites, excepté les deux crystallins qui, à peu de chose près, avoient leur grandeur naturelle (*).

En 1716. une femme accoucha d'un enfant mort qui n'étoit ni garçon ni fille, car il ne paroissoit sur son corps, aucune marque de sexe, & il n'y avoit au dedans aucune des parties nécessaires à la génération. Il n'avoit point aussi d'anus; & les fesses avoient la même rondeur en devant que par derrière. Il sortit du sein de sa mère avec une exomphale où le foie, la rate, l'estomac & tous les intestins étoient renfermés. Les

(*) Là-même.

Les fesses n'étoient séparées en devant & en derriere que par une petite ligne peu profonde (†).

Le même Académicien de Paris, que je viens de nommer dans l'instant, vit & disséqua en 1720 un monstre humain parfait en défaut. C'etoit une fille qui vint à six mois, sans tête, sans bras, sans cœur, sans poumons, sans estomac, sans reins, sans intestins grêles, sans foie, sans vesicule du fiel, sans ratte, sans pancréas. Une autre fille nâquit avec elle du même accouchement: elles étoient toutes deux enveloppées dans les mêmes membranes, & n'avoient à elles deux qu'un seul placenta, d'où sortoit un cordon unique qui, dans le milieu de sa longueur se divisoit pour s'aller terminer au nombril de chaque fœtus.

Je ne puis me dispenser de parler encore d'un autre fœtus monstrueux par défaut dans le même genre. Celui-ci étoit un petit mâle sans tête, sans poitrine, sans bras, n'ayant que le bas-ventre, les lombes, les hanches, les cuisses, les jambes & les pieds, en un mot n'ayant qu'environ la moitié inférieure d'un corps humain. La hauteur de ce demi-corps n'étoit que de sept pouces, mais sa grosseur étoit énorme. Le haut ou le sommet en étoit arrondi & couvert également par la continuation uniforme de la même peau qui en couvroit tout le reste, & qui étoit partout à l'ordinaire, sans aucune altération extérieure. Les plantes des pieds étoient tournées l'une vers l'autre, les talons en-haut & les orteils en-bas. Environ à la distance d'une ligne & demie au dessus du nombril, il y avoit une petite éminence cutanée, en forme de bouton mollasse, inégal, & garni par en-haut de petits poils clair-semés. Sur un des bords saillans de ce bouton, on voyoit une autre petite eminence cutanée plate, peut-être semblable à une très petite oreille informe, sans ouverture. Immédiatement au dessous

(†) Là-même. Année 1716.

de la portion inférieure de la circonférence du bouton; étoit un petit enfoncement en forme d'embouchure, dont la largeur & la profondeur n'étoient pas tout-à-fait d'une ligne. Voilà tout l'équivalent d'une tête, des bras, & de toute la partie supérieure du corps qui manquoit à ce fœtus (*).

CHAPITRE CXXVII.

Monstres par excès.

On lit dans le Journal des Savans du Lundi 23 Juin 1681. la Relation suivante sous ce titre.

» *Le Poulet de Mr. Hevin Avocat au parlement de Bretagne, envoyé à l'Auteur du Journal avec une Relation exacte de son histoire.*

» Parmi plusieurs poulets qui furent éclos sur la fin » de l'été dernier dans un village à trois lieues de Ren» nes, il s'en trouva un d'une forme extraordinaire » ayant quatre pieds & quatre aîles. Le paysan chez » qui ce petit monstre parut, eut le plaisir de la voir » courir & manger, avec les autres poulets pendant » quelque temps; mais un jour la poule frappée plus » qu'à l'ordinaire à la vue des pieds qu'elle voyoit en» haut en ce petit poulet, & s'imaginant sans-doute » qu'il étoit renversé par terre & hors d'état de se re» lever, le tourna plusieurs fois de part & d'autres » sens-dessus-dessous; mais voyant des pieds & des » aîles de tous les côtés, comme si l'horreur du mon» stre l'eût emporté sur la tendresse maternelle, elle » le tua à grands coups de bec. Un Médecin de vil-

(*) Histoire & Mémoire de l'Académie Royale des Sciences.

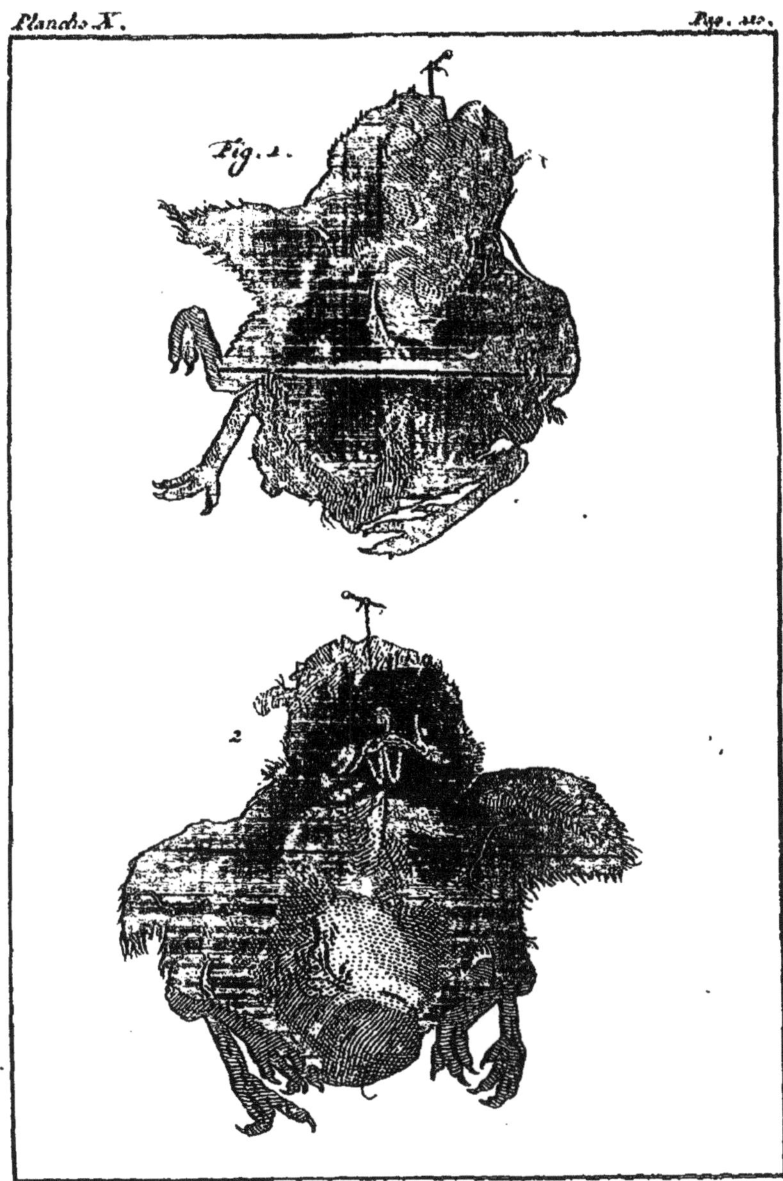

B. de Bakker fecit

„ lage ayant eu la curiosité d'arracher le gizier pour „ voir s'il étoit double (ce qui ne se trouva pas) rom- „ pit par malheur le croupion, en introduisant le „ doigt dans le corps.

„ Mr. Hevin l'ayant reçu de la part de Madame de „ Launay Commat sa fille à qui le paysan l'avoit lui- „ même apporté à sa Maison de Campagne qui n'est „ pas bien éloignée de ce village, il fit appeller le Sr. „ Moreau, l'un des plus célèbres Chirurgiens de Ren- „ nes, pour l'ouvrir. On vuida le ventre, & on ne „ laissa dans le corps du poulet que le cœur, le foie „ & les poumons attachés. Mr. Hevin vuida ensuite „ la tête & mit le poulet dans de l'esprit de vin, où „ il s'est parfaitement bien conservé, à la réserve du „ plumage, car étant de l'espece de ceux que l'on ap- „ pelle en Bretagne, de la grand' race, dont le plu- „ mage est gris moucheté, il est devenu d'un roux „ fort pâle."

Le poulet monstrueux, conservé dans de l'esprit de vin, accompagnoit cette Relation envoyée à l'Auteur du journal des Savans. Il paroît que ce poulet n'avoit d'autre monstruosité, que ses quatre pattes & ses quatre aîles. Celui dont je vais parler, que j'ai vu & possédé, avoit d'autres difformités, comme on le voit *Planche X. fig.* 1 & 2.

En 1763. un paysan demeurant à une lieue, ou environ d'Amsterdam, du côté de porte d'Utrecht, apporta ce poulet à un Chirurgien de la ville, en lui disant qu'il avoit vecu cinq jours entiers, & que le sixiéme la poule l'avoit tué à coups de bec. Il se tenoit sur deux pattes, marchant avec peine & d'une manière mal-adroite. Ce Chirurgien l'acheta le mit dans de l'esprit de vin, & me le vendit quelques jours après. Ce petit monstre a quatre pattes bien formées, deux de chaque côté: deux sont à leur place ordinaire, les deux autres sont plus haut, presque sous les aîles, une de chaque côté. Il n'a que deux aîles sans aucune monstruosité. Le corps est extrêmement gros à proportion du reste. Il n'y a qu'une tête, mais elle semble composée de trois têtes, aussi on remarque trois becs très-sensibles & très distincts quoique fort près les uns des autres, & presque sur la même ligne horizontale; seulement celui du milieu est un peu plus bas que les deux autres: on voit aussi trois yeux, l'un est ouvert & placé au milieu de la tête, au dessus du bec le plus bas auquel il répond: les deux autres yeux, couverts de leurs paupières, sont placés de chaque côté de la tête. Voilà ce que cet animal a de plus monstrueux à l'extérieur. Comme il n'a point été ouvert, & qu'il est passé aujourd'hui en des mains étrangères, je ne puis rendre compte de la conformation des parties internes.

La *Figure* 1. fait voir le poulet par derrière; la *Fig.* 2. le montre par devant.

A l'occasion de ces deux poulets monstrueux, je rapporterai un fœtus poulet bien plus etrange que ceux-là. J'en trouve encore la Relation dans le Journal des Savans du Lundi 28 Juillet 1681. où l'on peut en voir la figure.

Extrait d'une Lettre contenant l'histoire & la description d'un petit Monstre, écrite d'Avignon le 22 *du mois de Juillet* 1681.

„ Il y a deux jours qu'un Chirurgien de cette ville „ qui nourrit chez lui des poules avec un coq, en- „ tendant sur les onze heures du matin un bruit de „ cris extraordinaires que faisoient ensemble & tout- „ à-la fois le coq & les poules, eut la curiosité d'aller „ voir le sujet de leurs cris. Il trouva tous ces ani- „ maux perchés sur des piéces de bois. Il les chassa „ d'abord, & puis cherchant quel pouvoit être l'ob- „ jet qui les avoit déterminés à crier si fort, il trou- „ va en cet endroit un œuf de la grandeur ordinaire „ de ceux des poules. Cet œuf n'avoit point de co- „ que, & le Chirurgien, l'ayant considéré au jour,

„ s'apperçut qu'il n'avoit point de jaune. Il se fit ap-
„ porter une assiette, & ayant percé l'enveloppe ou
„ membrane qui contenoit la substance de l'œuf, il
„ la versa sur l'assiette, & vit d'abord avec surprise au-
„ lieu du jaune de l'œuf une substance glaireuse assez
„ solide de la couleur d'une chair morte, & dans
„ cette substance la figure de la tête d'un petit hom-
„ me. Je l'ai vue & examinée fort soigneusement.

„ On y distingue parfaitement le front, la cavité
„ des deux yeux, sans que j'aie pu appercevoir les
„ yeux. Le nez y paroît distinctement, & avec une
„ grande lentille de verre on le voit boutonné. La
„ levre d'en haut est à proportion plus grande que
„ celle d'en bas, la bouche fort fendue, & enfin on
„ y voit le menton au dessous duquel il n'y a plus de
„ matière: tout ce visage n'est point une figure, mais
„ un vrai relief.

„ Je considerai fort soigneusement le dessus de la
„ tête où l'on distingue fort bien & sans peine une
„ substance semblable à une cervelle; dont une partie
„ sur le milieu a la forme d'un triangle. J'ai apperçu
„ des fibres dans ce cerveau qui est à découvert.

„ Toute cette tête est de la grandeur pour le moins
„ d'une petite noix, & le visage à peu près comme
„ une piéce de quatre sols. C'est une Relation *de visu*
„ que je vous envoie. On doit tenter la dissection de
„ cette petite tête. Si je puis m'y trouver, je vous
„ en ferai savoir le succès. En attendant il ne faut
„ pas oublier de vous dire que cette tête avoit deux
„ assez grands lobes de glaire figée, l'un à droite &
„ l'autre a gauche (*)."

(*) Journal des Savans an. 1681. Tome IX. page 278. Edit. de Hollande.

Dissection de ce Monstre.

„ .. Dans le dessein d'embaumer ce petit monstre „ on refusa d'abord de le laisser ouvrir. Mais trois „ jours après on le donna enfin à disséquer, parce „ qu'ayant été exposé au soleil pendant ce temps-là, „ bien loin d'y mieux distinguer toutes chosescomme „ on l'avoit cru, la chaleur avoit liquefié assez toute „ cette matière pour la rendre méconnoissable.

„ Mr. Lussin le fils, chirurgien & très habile Ana-„ tomiste, fit donc cette dissection en presence de Mr. „ Guisony, Chardon, & Olivier le fils, Médecins „ d'Avignon. Il sépara d'abord la première glaire qui „ paroissoit & qui étoit fort visqueuse, après laquelle „ il s'en trouva encore une deuxiéme intérieure jau-„ nâtre, telle qu'on la voit dans un œuf couvé. On „ découvrit alors cinq petites cavités dans l'endroit „ où l'on désignoit le cerveau, dont l'entrée de cha-„ cune résistoit à la pointe d'une lancette. Le Long „ de la prétendue épine du dos on remarquoit plu-„ sieurs petits cercles, comme ceux qui dans les vers „ tiennent lieu de vertébres. Mais à la fin on trouva „ une membrane qui enveloppoit généralement le „ tout, dans laquelle ces Messieurs ayant fait souffler „ avec une paille, on vit s'élever une peau qui for-„ ma une cavité assez considérable à l'endroit ou doit „ être l'abdomen, dans laquelle on distinguoit une „ sorte de matière graisseuse; & tout cela se terminoit „ en une queue ou petit cordon. . . . .

„ La délicatesse d'un si petit sujet ne permit pas à „ ces curieux d'en observer davantage, même avec „ les instrumens qui grossissent les objets, dont ils s'é-„ toient précautionnés (*)."

On ne se feroit guère attendu à trouver un essai de la figure humaine dans un œuf de poule: ce qui est aussi

(*) Là-même, page 330.

étrange, c'eſt ce qu'ajoute Mr. Guiſony Auteur de la Relation précédente, au ſujet du coq de ce poulailler. Ce coq ayant été ſacrifié à la haine publique & à la ſuperſtition parce qu'il fut regardé comme la cauſe prochaine de ce prodige monſtrueux, on en fit diſſéquer les bas-ventre où l'on trouva ſur la région des lombes un teſticule unique de la groſſeur de celui d'un homme; & l'on a aſſuré que jamais on ne l'avoit vu cocher les poules dont l'une avoit pondu un œuf ſi extraordinaire (*).

Je me ſouviens d'avoir vu dans le livre de Fortunio Licetis ſur les Monſtres, la repréſentation d'un œuf qui contenoit une petite maſſe à figure humaine à la place du jaune (†).

Une femme d'un petit village à trois quarts de lieue de Rumilly, ville de Savoie, tira le 13 Mai 1683 d'une chevre qui venoit de faire un chevreau bien conformé, un ſecond chevreau qui étoit monſtrueux. Il avoit le muſeau & un des pieds de derrière d'un chien, & à ce pied répondoit un pied de chevre tourné comme ſi l'animal dût marcher en arrière. Ces deux pieds étoient accompagnés de huit autres, dont il y en avoit deux la moitié plus petits que le reſte. Ce monſtre avoit auſſi deux anus & deux queues, dont la ſupérieure étoit placée au lieu ordinaire audeſſus du premier anus; & la ſeconde fort au deſſous du ſecond anus ſortoit d'entre les deux dernières jambes, ſans qu'on vît à l'extérieur aucune partie ſexuelle. Le reſte du corps ne différoit de celui des autres animaux de cette eſpece, qu'en ce qu'il étoit un peu plus gros & que le poil reſſembloit aſſez à celui du chien (§).

On prit à Ulm, dans le dernier ſiécle, un liévre monſtrueux qui fut preſenté au Duc d'Hanovre. Il

---

(*) Là-même, page 335.

(†) Fortunii Liceti de Monſtrorum Cauſis, natura & differentiis, cum Iconibus, Petavii, 1634.

(§) Journal des Savans, an. 1683.

avoit deux têtes, quatre oreilles, huit pieds, & ressembloit à deux lievres collés l'un sur l'autre dos à dos. Mais, ce qu'il y avoit de plus plaisant & de plus curieux. C'est que, si l'on en croit l'histoire, quand il étoit poursuivi, & qu'il étoit las de courir d'un côté, il se tournoit adroitement de l'autre & couroit ainsi sur nouveaux frais. Sans-doute l'honneur de tomber entre les mains de ce Prince le flatta si fort qu'il négligea en cette occasion de se servir d'un avantage qui devoit le mettre à couvert des poursuites de tous les chasseurs (*).

Au mois d'Août 1683. une femme de Bourg en Bresse accoucha de deux jumeaux au terme ordinaire de neuf mois. Le premier enfant qui vint au monde étoit parfaitement bien formé & proportionné dans tous ses membres. Mais il ne vecut que fort peu de temps. Le second étoit monstrueux. Le Chirurgien le tira mort du ventre de la mère. Il y a des enfans qui naissent coëffés: celui-ci nâquit tout habillé; car il avoit une espece de peau en forme de tégument ou de membrane qui lui couvroit tout le corps, & ressembloit à une espece de robe charnue, travaillée par la Nature, mouvante & plissée par dessus la chair jusqu'aux extrémités des mains & des pieds. Le visage seul étoit découvert; & les traits étoient plûtôt ceux d'un vieillard decrépit & raccourci, que d'un enfant qui vient de naître. Les plis de la membrane étoient surtout sensibles sur le corps, & même très amples sur les bras, à peu près comme les manches d'une chemise; ils étoient moindres sur les fesses, les cuisses & les pieds: ce qui ne donnoit que plus de ressemblance à cette membrane avec des bas & des caleçons. La peau de l'enfant, sous ce tégument, étoit lisse & polie partout à l'ordinaire. Mais ce qu'il y avoit de plus

(*) Voyez la figure & la description de ce monstre dans les Ephémérides d'Allemagne.

ſingulier, eſt que cet enfant portoit une forme de capuce de la même nature que la membrane qui pouvoit être ou abattue ſur le dos, ou relevée ſur la tête pour la couvrir, comme le capuchon d'un moine. Cet enfant étoit de la moitié plus petit que ſon frère jumeau, & néanmoins ſa tête garnie de cheveux & quatre dents très apparentes, avec leſquelles il vint au monde, font conjecturer qu'il pouvoit avoir plus de neuf mois, & que la Nature avoit employé à l'habiller la matière propre à ſon accroiſſement.

Une femme accoucha en 1706 de deux enfans mâles joints enſemble par la partie inférieure du ventre. Leurs corps juſques-là n'avoient rien d'extraordinaire. La partie moyenne du ventre qu'on nomme ombilicale n'avoit point de nombril; & au lieu que ces deux jumeaux en devoient avoir chacun un, il n'y en avoit qu'un ſeul pour tous les deux; il étoit préciſément au milieu de la partie la plus baſſe du ventre, laquelle leur étoit auſſi commune. Ces enfans n'avoient point d'anus, & de l'endroit où il eſt ordinairement, on voyoit ſortir les verges dont l'une étoit tournée d'un côté, & l'autre de l'autre. A chaque côté de ces parties on voyoit un repli de peau qui repréſentoit aſſez bien la moitié d'un ſcrotum vuide & applati. Ces enfants vecurent ſept jours.

On lit dans les Mémoires de l'Académie Royale des Sciences de Paris qu'un fœtus venu à ſept mois & demi, & mort en naiſſant, avoit deux têtes très-bien formées, poſées chacune ſur ſon cou, & auſſi groſſes que s'il n'y en avoit eu qu'une. Intérieurement il avoit deux eſophages, deux eſtomacs, deux trachées, deux poumons, les deux ſexes, deux épines, mais ſéparées par une troiſiéme eſpece d'épine, un cœur unique à une ſeule oreillette & un ſeul ventricule. On prétend qu'il y a quelques exemples de monſtres humains à deux têtes qui ont vecu pluſieurs années. S'il s'en preſentoit de nouveaux exemples, une recherche également curieuſe & intéreſſante ſeroit d'obſerver la différence des pensées & des volontés ou leur conformité dans chaque tête, d'examiner comment le monstre total se prendroit à les accorder, ou a sacrifier les unes aux autres en cas de contrariété, où resideroit l'individualité d'un tel Etre & en quoi elle consisteroit.

Le 19 du mois de Mai de l'Année 1677, le Sr. Deschamps Maître Chirurgien à Bonneval près de Chartres, accoucha à 10 heures du matin la femme d'un laboureur nommé Chaudegrin, demeurant à Migrandi Paroisse de S. Maurice. L'enfant étoit un monstre. Il avoit une tête à deux visages l'un devant, l'autre derrière: l'un avoit la face humaine, l'autre avoit quelque chose d'affreux & approchant de la face d'un lion. Il avoit deux bras de chaque côtés attachés à une même souche depuis la tête jusqu'au dessous des omoplates. Depuis ces parties jusqu'au dos, il n'y avoit nulle séparation; mais le bas de l'épine sembloit se partager en deux, pour former deux corps distincts & adossés derrière contre derrière, avec deux jambes à chaque corps, opposées les unes aux autres. Le père s'étant opposé à l'ouverture de ce monstre, le Chirurgien ne put observer les parties internes.

On rapporte plusieurs exemples de monstres humains composés de deux corps avec toutes les parties doubles, tel que ce monstre formé de deux filles dont les corps bien distincts & bien conformés étoient joints l'un à l'autre postérieurement depuis les épaules jusqu'aux fesses (*). Mais ordinairement un des deux corps est defectueux. Un Italien d'environ dix-huit ans avoit au dessous du cartilage de la troisiéme côte, du côté gauche, une autre tête beaucoup plus petite que la sienne (†): Il ressentoit les Impressions faites sur cette tête lorsqu'on la touchoit: ce qui prouve

(*) Histoire & Mémoires de l'Académie Royale des Sciences de Paris, an. 1724.
(†) La même.

qu'il y a une communication du sentiment du toucher entre deux corps joints ensemble d'une manière monstrueuse. On disoit à Paris en 1733. qu'une fille âgée de douze ans avoit deux corps

Mr. Winslow la vit & l'examina. Elle avoit réellement à la région épigastrique; un peu vers le côté gauche, la moitie inférieure d'un corps plus petit à proportion, qu'on prenoit aussi pour celui d'une fille. On n'appercevoit dans le petit corps aucun vestige de tête, ni de bras, ni de poitrine, excepté une rangée de vertebres, dont la portion supérieure étoit comme soudée à la moitié inférieure du sternum du grand corps. Le reste s'avançoit peu-à-peu sur le devant en s'éloignant de plus en plus du corps entier, de sorte que les deux bas-ventres étoient entiérement séparés l'un de l'autre & tournés l'un vers l'autre, avec les bassins & les extrémités inférieures. D'ailleurs la conformation du bas-ventre, des cuisses, des jambes & des pieds du corps surnuméraire étoit très-naturelle. Ces parties quoiqu'elles ne donnassent aucune marque de mouvement, paroissoient bien nourries, grasses & dans un état ordinaire d'embonpoint. La peau dont elles étoient couvertes, étoit comme la continuation de celle du grand corps.

Nous terminerons-là cette liste de monstres: elle suffit pour donner une idée des formes irrégulières de l'Etre. Ne pourroit-on pas les regarder comme des essais que la Nature ne cesse de faire encore aujourd'hui, & qui annoncent des nouvelles especes composées de plus ou de moins de piéces que les animaux ordinaires? Suivant cette conjecture, que le lecteur appréciera, les monstres seroient des degrés par lesquels le prototype s'élève insensiblement à de nouvelles métamorphoses qui n'acquéreront leur perfection que dans les âges futurs, selon l'ordre immuable des manifestations.

CHAPITRE CXXVIII.

Les Hermaphrodites humains.

LA Nature est parvenue à produire un hermaphroditisme assez parfait dans certaines especes animales; elle l'a fait même avec une magnificence qui annonce sa fécondité, & l'aisance de ses productions (*). Nous la voyons s'étudier sans cesse à produire le même phénomène dans l'espece humaine; & les essais, qu'elle a donnés jusques ici tout imparfaits qu'ils sont, en marquant son but, nous promettent quelque chose de mieux pour la suite.

Si tout ce que l'on rapporte des Hermaphrodites étoit suffisamment constaté, on pourroit compter quatre especes d'Hermaphrodismes réels, savoir celui des sujets qui ont un sexe parfait dont ils peuvent user avec succès, avec l'autre sexe imparfait; celui des sujets qui ont quelque chose des deux sexes & qui ne sont puissans ni dans l'un ni dans l'autre; celui des individus qui ont les deux sexes assez parfaits pour produire comme mâles ou comme femelles, sans néanmoins pouvoir produire seuls, sans s'unir à un autre mâle ou à une autre femelle; enfin l'hermaphrodisme le plus parfait de tous, celui de ceux qui, pouvant s'unir efficacement à un mâle ou à une femelle, peuvent encore engendrer seuls par l'union des deux sexes qu'ils possedent. Il n'y a guere que la première & la seconde especes dont nous ayons des exemples bien prouvés; & la seconde est la plus commune de toutes.

(*) Voyez ci-devant Chapitre LII.

Première espece d'Hermaphrodites.

On voit quelques individus humains qui, ayant un sexe dominant & assez bien conformé pour s'en servir utilement, ont encore une ébauche informe de l'autre sexe. Ces especes d'hermaphrodites peuvent être de deux sortes: mâles ou femelles, mâles lorsque le sexe masculin est dominant; & femelle, lorsque le sexe feminin est le parfait. C'est peut-être le premier pas de la Nature vers l'hermaphrodisme; elle commence par unir à un sexe parfait quelques appartenances simulées de l'autre. Les loix Romaines font mention de ces hermaphrodites manqués & décident qu'il faut les regarder comme appartenant au sexe qui domine dans eux (*). Dans les temps plus reculés ils étoient rejettés de la société, ou même jugés indignes de voir le jour (†). Les Naturalistes, qui ont eu occasion d'observer plusieurs de ces conformations, en ont cherché la cause; mais ils n'ont point été assez heureux pour percer ce mystère naturel (§).

Seconde espece d'hermaphrodites.

Les hermaphrodites de la seconde espece, loin d'avoir les deux sexes, n'en ont véritablement aucun: ils ont quelque chose de l'un & de l'autre, mais dans un tel état d'imperfection, qu'ils ne peuvent engendrer ni comme mâles ni comme femelles. Ces Etres stériles, trop & trop peu avantagés de la Nature, ne pouvant ni agir ni permettre, sont un mélange combiné des deux sexes, dans lequel l'un nuit réciproquement à l'autre. On voit errer de ces sujets d'un sexe mi-parti, qui vont de ville en ville, de pays en pays, montrer aux curieux l'inutile prodigalité de la Nature

(*) Plin. Hist. Natur. Lib. VII. Cap. III.
(†) L. X, ad Dig. de Statu hominum.
(§) Voyez Graaf & Bartholin, &c.

envers eux; je dis inutile, en ce qu'elle ne produit rien dans les individus qui possedent ces apparences trompeuses. Du reste ce sont des chaînons essentiels dans la chaîne universelle des Etres. Il est à croire que ces essais se perfectionneront avec les générations. J'ai vu plusieurs de ces hermaphrodites, & j'ai observé qu'en général la verge n'est point percée à l'extrémite, de sorte que, quoiqu'elle soit capable d'une érection voluptueuse, elle ne peut cependant répandre aucune semence. Tel étoit l'hermaphrodite dont il est fait mention dans les Mémoires de l'Academie Royale des Sciences de Paris & que Mr. Morand examina: tel étoit celui que je vis à Amsterdam en 1764. Tel est celui dont le mariage fut déclaré abusif par arrêt rendu en la chambre de la Tournelle du Parlement de Paris, le 10 Janviér 1765. La vulve étoit, dans ces trois sujets, un petit trou entre la verge & l'anus, dans lequel on auroit pu à peine introduire le petit doigt, & qui n'avoit une apparence extérieure de vulve qu'autant que l'on rapprochoit les chairs des deux côtés pour en former deux especes de levres. Du reste ils avoient plus de gorge qu'un homme n'en a ordinairement, & moins qu'une femme, une peau-assez délicate & une voix d'eunuque. Ni les uns ni les autres n'étoient sujets aux évacuations périodiques, n'éprouvoient rien en presence des femmes, & leur inclination dominante étoit pour les hommes. J'en ai vu qui n'avoient presque pas de poil même aux parties sexuelles, & d'autres qui avoient des jambes fort vélues & de la barbe comme un homme, mais tous avoient une gorge assez délicate & point de poil sur l'estomac.

Les Artistes Grecs se sont exercés dans un genre de beauté mélangée de celle des deux sexes; & le temps en a épargné quelques modeles; telle est la figure connue sous le nom d'*hermaphrodite*, & les Antiquaires en citent d'autres exemples. Une opération cruelle forma cette beauté en privant de jeunes hommes des appanages de la virilité. Ce que l'art ne put faire que par une privation, la Nature l'exécute par la voie contraire. Les hermaphrodites réunissent les qualités du tempérament de l'homme & de celui de la femme. Ils les réunissent imparfaitement, parce que ce sont des hermaphrodites très-imparfaits; quand la Nature sera parvenue au point d'allier dans un même individu les organes parfaits des deux sexes, ces nouveaux Etres réuniront avec avantage la beauté de Venus à celle d'Apollon: ce qui est peut-être le plus haut dégré de la beauté humaine.

Troisiéme espece d'hermaphrodites.

Un célèbre Médecin rapporte qu'une homme avoit épousé une femme hermaphrodite dont il eut des enfans, tant mâles que femelles (*). Voilà donc un hermaphrodite de la troisiéme espece, qui avoit les deux sexes, & pouvoit engendrer comme homme & comme femme. On dit qu'à Surate au Mogol, il y a beaucoup de ces hermaphrodites, qui, avec des habits de femme portent le turban pour faire connoître qu'ils ont les deux sexes. Si ce fait étoit bien avéré, l'ouvrage de la Nature, seroit beaucoup plus avancé qu'on n'ose le croire, faute de témoignages suffisans.

Quatrième espece d'hermaphrodites.

On parle d'un moine qui s'engrossa lui-même. Ce fait a été traité de fable, & pourroit bien en être une. Mais il y auroit de la témérité à assurer qu'une pa-

---

(*) Viro nupserat cui filios aliquot & filias peperit; nihilominus tamen ancillas comprimere, & in his generare solebat. *Schenck Observ.*

reille fécondation eſt impoſſible. Un hermaphrodite, qui auroit les organes des deux ſexes dans un tel degré de perfection, & dans une telle ſituation qu'il pourroit ſe féconder lui-même, ſeroit un Etre fort étrange, ſelon les idées vulgaires; j'en conviens. Cet Etre eſt-il impoſſible? Je le demande envain aux Naturaliſtes : la Nature eſt ſeule capable de décider la queſtion.

Je m'étois propoſé d'étudier la gradation naturelle des formes de l'Etre. Je cede la plume à un plus habile que moi.

FIN.

TABLE

TABLE ANALYTIQUE DES CHAPITRES.

PREMIERE PARTIE.

P

QUATRIEME PARTIE.

CINQUIEME PARTIE.

Les coquillages ne font, aux yeux de plusieurs Naturalistes, que des vers de mer, de rivière, ou de terre, logés dans des coquilles univalves, bivalves, ou multivalves.

On en donne la figure & la description.

Elle représente la vulve d'une femme d'une manière beaucoup plus parfaite que les deux autres modeles rapportés dans les Chapitres XX. & XLVII. On en donne la figure & la description.

Il y a trois especes d'hermaphrodisme dans les coquillages. 1. Celui auquel on n'apperçoit aucunes des parties de la génération, soit mâles, soit femelles ; & qui, sans aucune espece d'accouplement, produit son semblable : il est particulier aux conques. 2. Celui qui, reunissant en soi les deux especes de parties *sexuelles*, ne peut se suffire à lui-même ; mais a besoin du concours de deux individus qui se fécondent réciproquement & en même temps, l'un servant de mâle à l'autre, pendant qu'il fait à son égard les fonctions de femelle : cet hermaphrodisme se voit dans les limaçons terrestres. 3. Celui qui, possédant les deux especes de parties génitales, a besoin de la jonction de deux individus, mais qui ne peuvent se féconder en même temps, à cause de l'éloignement de leurs organes. Cette situation desavantageuse les oblige de monter les uns sur les autres pendant l'accouplement. Si un individu fait à l'égard de l'autre la fonction de mâle, ce mâle ne peut-être en même temps fécondé par sa femelle quoique hermaphrodite ; il ne le peut-être que par un troisième individu qui se met sur lui vers les côtes en qualité de mâle.

SIXIEME PARTIE.

SEPTIEME PARTIE.

HUITIEME PARTIE.

NEUVIEME PARTIE.

DIXIEME PARTIE.

Ce monstre avoit une figure humaine, avec la tête, les bras, l'air & le visage d'un Indien, avec une queue de poisson.

Le 23 du mois de mai 1671, deux François & quatre negres étant allés le matin aux Isles du Diamant avec un bateau pour pêcher, & voulant s'en revenir un peu avant le coucher du soleil, ils apperçurent près du bord d'une petite Isle où ils étoient, un monstre marin ayant la figure humaine de la ceinture en haut, & se terminant par le bas en poisson. Sa queue étoit large & fendue comme celle d'une Carangue, poisson fort commun dans cette mer. Il avoit la tête de la grosseur & de la forme de celle d'un homme ordinaire, avec des cheveux unis, noirs, mêlés de gris, qui lui pendoient sur les épaules; le visage large & plein, le nez gros & camus, les yeux de forme accoutumée, les oreilles larges; une barbe de même pendante de sept à huit pouces, & mêlée de gris comme les cheveux; l'estomac couvert de poil de la même couleur; les bras & les mains semblables aux nôtres, avec lesquelles, lorsqu'il sortoit de l'eau, il paroissoit s'essuyer le visage, en les y portant à plusieurs reprises, & reniflant au sortir de l'eau comme font les chiens barbets. Le corps qui s'élevoit au dessus de l'eau jusqu'à la ceinture étoit délié comme d'un jeune-homme de quinze à seize ans: il avoit la peau médiocrement blanche, & la longueur de tout le corps pouvoit être d'environ cinq pieds, son air étoit farouche. Cet homme se montra à quatre pas, de sorte qu'il ne peut pas y avoir d'illusion des yeux dans cette Relation. On en donne la figure.

Déposition de Cyprien Roger natif de Rozb en Caux.

Déposition de Julien Vattemar, âgé de dix-sept ans.

Déposition d'Abraham, Negre du Sr. Alexandre Deschamps.

Déposition d'André, Negre du Dr. Desforges.

ONZIEME PARTIE.

& le renflement excessif de la substance des ongles, leur a fait perdre leur ancien usage, desorte que dans cet état l'animal ne peut plus s'en servir qu'à marcher. Rapports du squelette du cheval à celui de l'homme.

CHAPITRE CI. 2. *Des Quadrupedes pieds-fourchus.* - - - page 145

Le taureau, le cerf, le cochon.

On observe les progrès du prototype dans la suite des pieds-fourchus.

CHAPITRE CII. 3. *Les Fissipedes.* - 147

Les fissipedes ont les pieds divisés en quatre ou cinq doigts, & quelques-uns, même dans les plus petites especes, ont des mains très ressemblantes à celles de l'homme : telle est la taupe & d'autres. Les premieres especes de fissipedes, comme le tigre, le lion, le léopard, le loup, *&c.* sont de véritables quadrupedes en ce que leurs pieds antérieurs ne peuvent leur servir de mains. D'autres fissipedes, savoir les ours, les écureuils, les agutis & autres, se servent de leurs pieds de devant comme de mains pour saisir & porter à leur gueule : ce sont des quadrupedes ambigus qui forment le passage aux quadrumanes. Il faut encore distinguer parmi ces derniers fissipedes ceux qui aiment à se tenir le corps élevé, assis ou accroupis sur leurs fesses, qui peuvent même, quoique plus difficilement se tenir & marcher sur les deux pieds de derriere seulement. Ce sont autant de nuances qui nous marquent les perfectionnemens gradués de l'animal prototype. En suivant ces gradations, on voit la nature réformer le squelette du solipede, redresser peu-à-peu les os du bassin, alonger les os des cuisses, des jambes & des bras, & au contraire raccourcir ceux des pieds & des mains, diviser des pieces unies, articuler des pieces soudées ensemble, resserrer l'épine, supprimer des vertebres & des côtes, & se rapprocher ainsi graduellement de la charpente du corps humain.

DOUZIEME PARTIE.

CHAPITRE CIII. *Les Quadrumanes.* - - 149

Les extrémités des quatre membres des quadrumanes ont la forme de mains, d'où vient le nom qui leur a été donné par les modernes. Gradation des quadrumanes.

voix semblable au cri d'un coq d'Inde, leur vie plus courte de moitié que celle de l'homme. Les femmes Hottentotes, beaucoup plus petites & plus laides que les hommes ont une excroissance monstrueuse de la peau qui couvre l'os pubis, laquelle descend en forme de tablier jusqu'au milieu des cuisses.

Les autres Caffres sont un peu moins laids que les Hottentots. Ainsi les traits de l'humanité s'adoucissent sensiblement & prennent de la régularité en remontant vers l'orient. C'est le contraire vers le Nord.

Les Lappons ont le visage large & plat, le nez camus & écrasé, l'iris de l'œil jaune brune & tirant sur le noir, les paupières retirées vers les temples, les joues extrêmement élevées, la voix grêle, la tête grosse, les cheveux noirs & lisses, la peau basanée; ils sont trapus quoique maigres, & la plûpart n'ont que quatre pieds de hauteur, les plus grands n'ont que quatre pieds & demi. Les Lapponnes sont aussi laides que leurs maris.

Les Samoïedes sont d'une taille au-dessous de la moyenne: ils ont le corps dur & nerveux, d'une structure large & quarrée, les jambes courtes & menues, les pieds petits, le cou court & la tête grosse à proportion du corps, le visage aplatti, les yeux noirs, & l'ouverture des yeux petite mais allongée, le nez tellement écrasé que le bout en est à-peu-près au niveau de l'os de la machoire supérieure qu'ils ont très forte & élevée, la bouche grande, & les levres minces; leurs cheveux noirs comme le jais, mais extrêmement durs & forts leur pendent comme des chandelles sur les épaules; leur teint est d'un brun jaunâtre, & ils ont les oreilles grandes & rehaussées. Etymologies du nom de Samoïedes.

Les Sauvages, qui habitent les terres du détroit de Davis, sont petits, trapus, d'un teint olivâtre; ils ont les jambes courtes & grosses. Les Sauvages de Terre-neuve sont aussi de petite taille, & aussi mal faits que les Groenlandois. Ainsi on peut conclure que tous les habitans du Nord tant de l'Europe que de l'Asie & de l'Amérique, sont les plus petits, les plus misérables, les plus laids & les plus stupides de toute l'espece.

Les chinois ont en général le visage large, les yeux petits, les sourcils grands, les paupieres plattes & élevées, le nez camus, quelques épis de barbe à chaque levre, & fort peu au menton. Ils ont assez ordinairement la taille épaisse, le teint basané & la stature commune. Les femmes sont peut-être un peu mieux faites, mais aussi laides de visage.

Les Japonnois sont assez semblables aux Chinois, seulement ils sont plus jaunes ou plus bruns, du reste, ils ont la taille ramassée & le nez écrasé. Suivent

Les Cochinchinois.

Les Tunquinois.

Les Siamois.

Les Peguans.

Les habitans d'Aracan, de Laos, & autres contrées voisines, qui ont des figures Chinoises un peu variées.

Les Indiens sont tous plus ou moins, olivâtres ou jaunes: cette couleur ne se perd qu'en approchant des climats tempérés. A cela près ils ressemblent assez aux Européens pour la taille & les traits du visage.

Il faut pourtant distinguer parmi les Indiens les Nobles de Calicut, tant hommes que femmes, parmi lesquels on trouve des familles entieres qui ont les jambes aussi grosses que le corps d'un autre homme. On trouve encore de ces hommes à grosses jambes à Ceylan. Les bourgeois de Calicut forment aussi une race particuliere d'hommes plus laids, plus petits & plus mal faits que les autres Indiens.

Tous ces peuples sont des nuances intermédiaires entre les Indiens & les Européens des climats tempérés.

QUATORZIEME PARTIE.

Rose

Troisieme espece : ceux qui peuvent engendrer comme mâles & comme femelles, mais seulement avec un autre individu.

Quatrieme espece : ceux qui peuvent engendrer avec un autre individu comme mâles ou comme femelles, peuvent encore produire seuls par l'union des deux sexes qu'ils possedent.

Conclusion.

FIN DE LA TABLE.

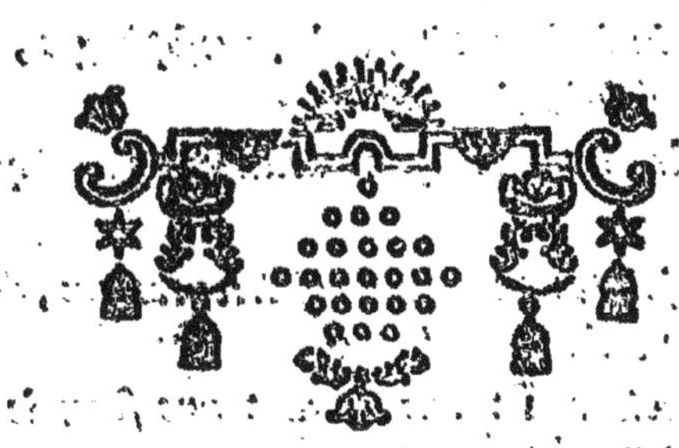

www.ingramcontent.com/pod-product-compliance
Ingram Content Group UK Ltd.
Pitfield, Milton Keynes, MK11 3LW, UK
UKHW021054270726
13967UKWH00012B/1312